JN324482

しあわせ持ちになれる「お金，仕事，投資，生き方」の授業

―実況！「ハッピー・マネー教室」―

岡本和久［著］

創成社

※ピギーちゃん（Money Savvy Pig）およびその加工物は，米国 Money Savvy Generation 社の知的財産です。
®「ハッピー・マネー」は，I-O ウェルス・アドバイザーズ（株）の登録商標です。

ムムリクの絵およびピギーちゃんのデザインは無断転用・転載禁止です。

出所：毎日グラフ別冊「日本40年前」，1985・8・15 毎日新聞社刊より。

はじめに

まず、この写真を見てごらん。

これは、１９４６年に東京近郊《こう》の厚木から横浜に向かう途《と》中で、アメリカの兵隊が撮《と》った写真だ。１９４５年８月に、４年近くも続いたアメリカと日本の戦争が終わった。日本が無条件降伏《ふく》を受諾《だく》したのだ。これはその翌年の写真、そして、この年の12月14日に私は生まれた。両親は平和が永久に続くようにという願いを込《こ》めて私の名前を「和久」とした。

日本はこのどん底の状態から、力強い復活をして先進国の仲間入りをした。そして、いま、日本も成熟していろいろな問題を抱《かか》えるようになってきた。でも、いま、新しい力が蓄《たくわ》えられている。まだ、土から芽を出していない。しかし、着実に大きな木に育つ準備をしている。それが君たちだ。

日本について、いろいろ悲観的な意見もある。でも、この写真の状態から日本は立ち直ったのだ。確かに多くの問題があることは事実だけれど、戦後の復活を考えればどんな問題だって、知恵《え》を集め、力を合わせれば必ず解決できる。それをするのが君たちだ。そして、日本の、世界の人々にしあわせを与《あた》え、君たち自身もしあわせになって欲しい。

人生の目的は、お金持ちになることではない。「しあわせ持ち」になることこそ、私たちが生きている目的だ。私は社会にでてから40数年、ずっと金融《ゆう》の世界で生きてきた。お金があれば、しあわせ持ちになれるわけではない。でも、お金は、豊かで幸福な生活をするためには必要なものだ。そして、お金があれば、たくさんの良いことをして、みんなをしあわせにできる。

私は、とてもしあわせな時代に人生を送ることができたと思う。そして、君たちにも同じように豊かで、しあわせな人生を送ってもらいたいと思う。私は決して天才でもないし、人並み外れた努力家でもない。でも、まじめに一生懸《けん》命、これまで生きてきた。そんな私が、これからお金のこと、働くということ、投資のこと、そして、生き方のことをみんなに話したい。それが、少しでも君たちのこれからの人生に役立ってくれれば本当にうれしい。

2015年3月
岡本和久

※第1章から第3章までは、中学生以上で学ぶ漢字にふりがなをふってあります。

目　次

はじめに

第1章　お金ってなんだろう……1

お金はどうして大切か／お金はどのようにしてできたのか／お金は感謝と一緒に世の中をめぐる／お金が結ぶご縁のネットワーク（チョコレートができるまで）

第2章　働くということ……19

楽して儲けることはできますか？／仕事を通じて私が学んだこと／君たちがいま、できること／世界が君たちの舞台だ！

第3章　ハッピー・マネー四分法……35

ピギーちゃん登場／つかう ～使ったお金は戻らない／ためる ～我慢をすると喜びが大きくなる／ゆずる ～他人の笑顔は自分の笑顔／ふやす ～未来のためにお金を働かせる／意識の時間と空間を広げる／ハッピー・マネー・ソング

第4章
もっと知りたいお金のこと……67
お金の働き／日銀の仕事／日銀と普通の銀行ってどう違う？／銀行の仕事／金利ってなに？／複利は「福」利／お金に関するよくある質問

第5章
もっと知りたい経済のこと……83
経済の「きほんのき」／機会費用ということ／みんなで力を合わせて効率を上げる／ニーズとウォンツ／需要と供給／国内総生産（GDP）ってなに？／君たちに関係の深い経済指標は？／モノの値段はどのように変わった？／インフレとデフレをもう少し学ぼう／国のふところ具合は？／外国と日本／円高・円安ってどういうこと？／円高・円安になるとどうなるか／世界にはどんな通貨があるの？

第6章
もっと知りたい投資のこと……109
株式会社のはじまり／A君がパン屋さんを始めたら／株式投資ということ／会社はどのように成長するのか／それではどんな株式を買ったらいいのか／証券市場の仕組み／投資信託とはなにか／株ってバクチでしょ？

第7章 お金と付き合うときの注意……125
投資で大損をしない方法／借金はしないのが良い／バクチはもうからないようにできている／サギからカモを守るために

第8章 学生時代をどう過ごすか……139
人生は3つの時代に分かれる／将来の自分はいまの自分が支える／効率の良い聞き方、話し方／私が人生で学んできたこと／私がいま、思うこと

第9章 しあわせ持ちを目指そう……171
六つの富（しあわせの六角形）／I－Oの方程式／お金の主人とお金の奴隷／品格とはなにか／しあわせの六角形を広げよう／新三方よし

第10章 保護者の方へのメッセージ……183
投資教育事業を始める／子供たちのお金に対する意識／マネー・サビー・ジェネレーションとの出会い／紙芝居、歌もできた／ハッピー・マネー教室参加者の感想文～驚くほど高い子どもの理解力／ピギーちゃん、ユーザーの声／本当は大人に知ってもらいたいお金のこと／草の根「ハッピー・マネー教室」

おわりに

第1章 お金ってなんだろう

お金はどうして大切か

　君たちは、お金は大切だと思うよね。では、どうしてお金は大切なんだろう。そう、お金がないと生活ができない。それは本当だね。でも、お金だけがあれば生活ができるだろうか。例えば、もし、君たちが無人島に住んでいたら、いくらたくさんお金を持っていてもそれで生活ができるかな。できないよね。つまり、自分が必要とする物が存在していて、それと交換《かん》できることにお金の価値があるということだ。

　お金を持っていると、自分が必要とするものや自分が欲しい物と交換《かん》することができる。よく考えてみると、お金は物とだけ交換《かん》できるものじゃない。君たちは、床屋《とこ》さんに行くだろう。その時、お金を払《はら》う。君たちはいったい、床屋《とこ》さんから何を受け取っているんだろう。それは物じゃない。床屋《とこ》さんが散髪《ぱつ》をしてくれるというサービスを、お金で買っているのだ。

図表1－1

絵：ムムリク。

他にもいろいろある。例えば、君たちはバスに乗る時にお金を払《はら》う。でも、お金を払《はら》っても何か物をもらうわけではない。バスに乗れば、楽に遠くまで行ける。歩いて行くよりもずっと楽だ。それで、「ありがたいな」と思うから、そのサービスをお金で買っている。

　私たちの生活は、決して物だけで成り立っているわけではない。いろんな人が提供してくれる物とサービスの両方で成り立っているんだね。自分にとってありがたい物やサービスに対して感謝をするときに、私たちは自分の持っている大切なお金を支払《はら》う。そしてその交換《かん》で得たもので生活ができるし、また喜びを得ることもできる。そして、本当に「ありがたい」と思うから、大切なお金を自分の必要とするものと交換《かん》している。

君たちはお金を渡《わた》すとき、相手に対して感謝をしている。お金は「感謝のしるし」としてわたすものだ。お金は感謝のしるし。これは、私がみんなに話す中でいちばん大事なことなので、最初によく覚えておいて欲しい。お金は感謝のしるしだ。心を込《こ》めて「ありがとう」という気持ちでお金を使う。自分の必要とするものを提供してくれてうれしいから、「ありがとう」という気持ちでお金を払《はら》う。お金というのは、いつも感謝と一緒《いっしょ》に動いていくものだ。お金と感謝は、手をつないで世の中をまわっている存在だ（図表1―1）。

お金はどのようにしてできたのか

●大昔は物々交換《かん》

まず、お金はどのようにしてできたかを考えてみよう。大昔は皆《みな》、自分で作ったもので生活をしていた。例えば自分で野菜を植えたり、狩《か》りで動物を獲《と》ったりして生活をしていた。海の近くの人は魚を獲《と》っていた。このような生活の仕方は自給自足といって、自分の必要なものを自分で作り、自分で手に入れることができるもので生きている時代だった。

でも、そのうちに野菜を作っている人と魚を作っている人が、お互《たが》いに持っている物を交換《かん》したら野菜も魚も食べられるようになるということに気づいた。あるいは、動物の肉と魚を交換《かん》することも始まった。さらに食べ物だけではなく、布と食べ物を交換《かん》したり、布と釣《つ》り針を取りかえたりすることもあったかもしれない。これが物々交換《かん》という方法だ（図表1―2）。

図表1－2

物々交換《かん》

●市ができる

でも、この方法だと自分が交換《かん》したいものを持っている人を探さなければならない。しかも、相手も自分の持っているものを欲しいと思ってくれなければならない。そのうちに、頭のいい人が、それでは、みんなで日にちを決めて、「それぞれが持っているものを持ち寄るようにしよう。必要なものをお互いに交換《かん》しあおうぜ」ということを言い出した。そして、それが市《いち》と呼ばれるようになってきた。これによって、みんなの生活はとても便利になってきた。いまでも、四日市や五日市というように「市」という字が付く地名の町があるね。それはこのような市が四日とか、五日に開かれていたことからついた名前なんだ。

「今日はお肉が欲しいなぁ」と思う人は、自分の作った野菜を持って市に行く。お肉を持ってきた人がいる。そこで「私の野菜とあなたのお肉を交換《かん》してくれませんか」と聞く。しかし、その人は「いや、私はお魚と交換《かん》をしたいんだ。野菜はいらないよ」という。そうすると取引は成立しない。別のお肉を持っている人を探す。そしてやっと野菜とお肉を交換《かん》したい人と出会う。「お肉が手に入ってありがたいな」と思うから、野菜を相手に渡《わた》す。相手は「野菜がもらえてうれしいな」と思うから、お肉を相手に渡《わた》す。そうして取引がだんだん増えていった。

市ができたことで、自分の知り合いの範《はん》囲だけで交換《かん》していたときより、はるかに便利になった。でも、毎回、必ず自分の欲しいものが市にあるとは限らない。今日は魚が欲しいと思って市に行ってみたら、「今日は海が大荒《あ》れで魚が取れなかったから、魚はないよ」と言われてしまうこともよく起こった。そうすると、せっかく野菜を持っていった人も魚をあきらめて、野菜を持って帰らなければならない。さあ、君たちならどうするかな？

●交換《かん》を手助けする手段ができる

そこでまた頭の良い人が出てきた。つまり、いつでも、みんなが欲しがるものに自分の持っていったものを交換《かん》しておけばいいということに気がついた。例えば、お米はいつも、みんなが欲しがるものだ。野菜を持っていた人は、まず自分の野菜を市でお米にかえておく。たまたま、その日に魚がなくても、また次の市の日にそのお米を持っていけば、お米と魚を交換《かん》できる。

こうして市での取引は、交換《かん》を手助けする手段ができたことで、ますます大きく広がっていくことになった。それでは、みんながいつでも欲しがるものって一体なんだろう。お米はその1つかもしれない。あるいは昔のことだから、布もとても貴重な品物だった。

稲は昔、「ネ」と呼ばれていたそうだ。それで物と交換《かん》するときに、交かんするお米の量を値(値段)と呼ぶようになった。布もお米の代わりによく使われたそうだ。布は「幣《へい》」と呼ばれたことから「貨幣《かへい》」という言葉ができた。「幣《へい》」という字には、布と同じ「巾」という字が入っているね。雑巾《ぞうきん》の「巾」もそうだね。それでお札ができたときに、紙の幣であるというので紙幣《しへい》と呼ばれるようになったのだ。お米も布も、量や大きさを加減できる。だから相手と交換《かん》するときにも、交換《かん》するものによって調整ができ便利だった。しかし、お米も古くなると悪くなるし、布も破れたり汚《よご》れたりしてしまう。そんな問題点もあった。

中国では、きれいな珍《めずら》しい貝をみんなが欲しがった。それで、貝がとりあえず交換《かん》しておくものとして使われるようになった。だから、お金に関係した漢字には貝のつく字が多い。

図表1－3

大昔，貝やお米が交換《かん》を手助けした

例えば、買、財、購《こう》、貯、貴、資、貧などがその例だ。でも、貝もいろいろな種類があり、交換《かん》の手段としては十分ではなかった。

ミクロネシアのヤップ島では、大きな石を丸くして真ん中に穴をあけて交換《かん》を便利にする手段として使っていた。フェイと呼ばれるお金だ。大きいものでは直径2メートル以上もあったという。とても持ち運べる大きさではなかったので、広場に置いておく。そして、取引があるとお金は同じ場所に置いたまま、所有権者が変わったことをみんなに伝えた。フェイに「誰《だれ》のもの」というしるしをつけることもなかった。それでも交換《かん》を手助けする手段として通用していたのだ。お互いに信用しあっていたから、こういうことが成り立っていたんだね。面白いねえ（図表1―4）。

図表1－4

●貨幣《かへい》ができる

時代が経つと、もっと持ち運びやすくて丈夫な金《きん》や銀、銅などの金属が使われるようになった。そのようなお金は、鋳造貨幣《ちゅうぞうかへい》と呼ばれる。世界で初めて鋳造貨幣《ちゅうぞうかへい》ができたのは紀元前7世紀ごろで、小アジアのリディアという国だといわれる。同じころ中国でも金属の鋳造貨《ちゅうぞうか》幣《へい》ができ、秦《しん》の始皇帝《てい》は紀元前3世紀ごろに、漢字を書いた丸い貨幣《かへい》の真ん中に四角い穴をあけた「円形方孔《えんけいほうこう》」を鋳造《ちゅうぞう》した。

日本では、６８３年に中国のお金をモデルにして富本銭《ふほんせん》がつくられた。さらに、７０８年に和同開珎《わどうかいちん》という貨幣《かへい》が作られ、その後、２５０年間に金貨１種類、銀貨１種類、銅銭12種類が作られた。しかし、平安時代になると、中国から輸入した貨幣《かへい》が使われるようになり、それが約６００年続いた。永楽通宝というお金がそれだ。再び、日本で貨幣《かへい》を作り出したのは、１５８７年に豊臣秀吉が天正長大判、天正菱大判《てんしょうひしおおばん》など金銀貨幣《かへい》を作ってからだ。そして、徳川家康が日本で初めて貨幣《かへい》制度を統一して、全国で使える金銀貨が流通しだした。さらに１６３６年、三代目の将軍、徳川家光が銭座というお金を作る場所を設置して、寛永通宝《かんえいつうほう》が発行されるようになった。こうして、金貨や銀貨、銅貨などが作られるようになった。いま、私たちの生活の中で普《ふ》通に使っているお金も、実はこんな長い歴史があったのだ（図表１―５）。

図表１－５

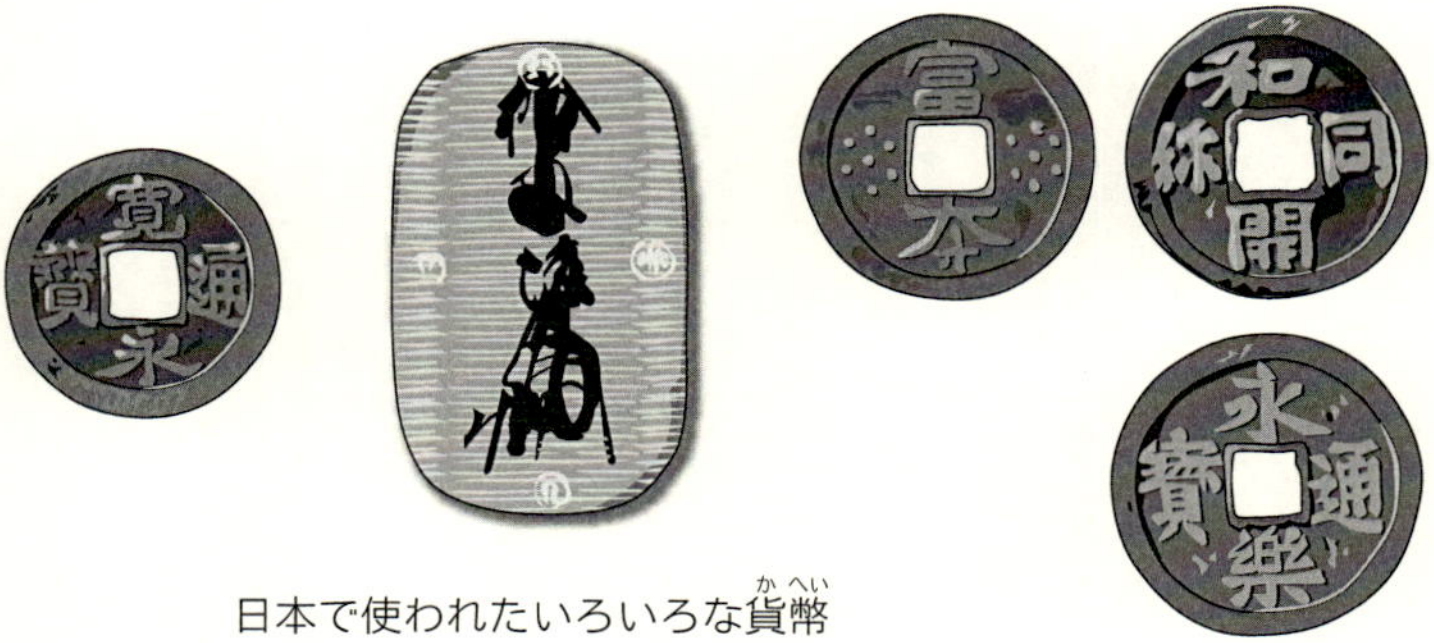

日本で使われたいろいろな貨幣《かへい》

●紙幣《しへい》の始まり

しかし、金属のお金をたくさん持って歩くのは不便だ。重いし、じゃらじゃら音がするので、お金を持っているのがばれて盗《ぬす》まれやすい。特に小判などの金貨を持って歩くのは危険だ。そこで江戸時代になると、信用のある大金持ちに金《きん》の小判などを預かってもらい、その人に「確かに金属のお金を預かっています」という証明書を書いてもらい、それを持ち運ぶようになった。その証明書は証文と呼ばれた。その証文を持って大金持ちのところに行けば、預けた小判などと交換《かん》してもらえるので、証文そのものがお金の代わりに流通するようになった。これが紙のお金、紙幣《しへい》の始まりだ。

そのような大金持ちの信用ある人は、「両替《がえ》商」と言われるようになり、それが明治時代になって銀行となり、銀行が紙幣《しへい》を発行した。紙《し》幣《へい》には「これを銀行に持ってきたら、紙幣《しへい》に書いてある金額分の金《きん》と交換《かん》します」と書いてあった。その人が信用のある人であれば、みんな安心して紙幣《しへい》を金属のお金の代わりに使うようになった。つまり、紙幣《しへい》という紙切れがお金として流通しているのは、それを出している人に

図表１－６

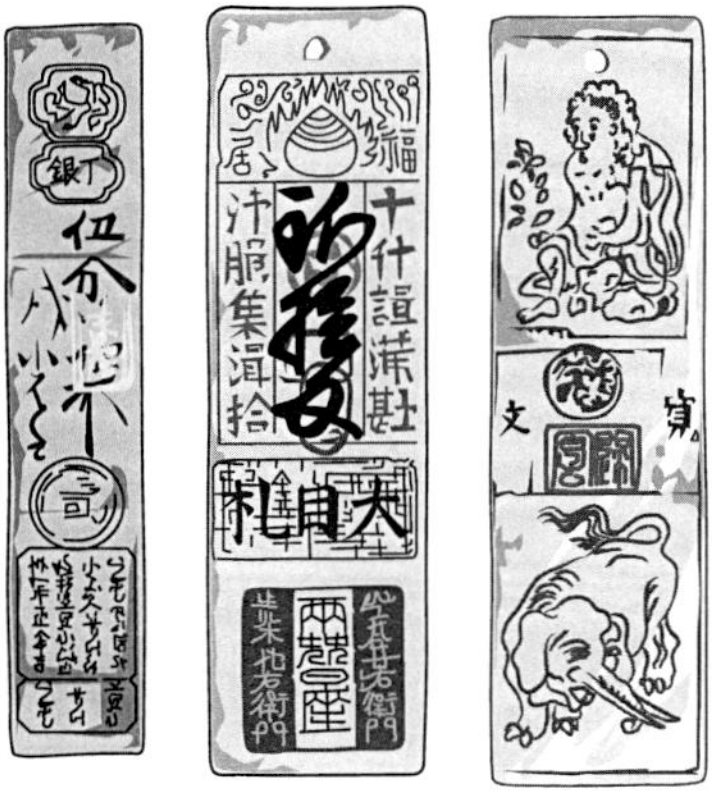

昔の紙幣《しへい》

信用があるからなのだ。このようにいつでも金《きん》と交換《かん》しますよという紙幣《しへい》は、兌換券《だかんけん》と呼ばれた（図表1―6）。

●日本銀行が設立される

こうして、たくさんの銀行がお札を発行した。中にはお金の裏付けになる金《きん》を持っていないのに、お札を発行する悪者もでてきた。このような悪者のせいで、せっかく流通をしているお金の信用が失われたら大変なことになる。そこで、お札を発行できる銀行を1つに決めた。それが日本銀行で、1882年に設立された。日本銀行は略して「日銀」と呼ばれている。

日銀が発行するお金は信用が高く、日本中、どこでも金《きん》と同じように流通した。なぜ信用が高かったかといえば、日銀の発行するお金は、いつでも金《きん》と交換《かん》してもらえたからだ。これを金本位制という。日銀は金《きん》を保有して、その範囲でお金を発行していたが、だんだん、経済の規模が大きくなると、日銀が持っている金《きん》で発行できるお金では足りなくなった。これは困った問題だった。なぜなら日銀が発行できるお金の量は金《きん》によっ

図表1―7

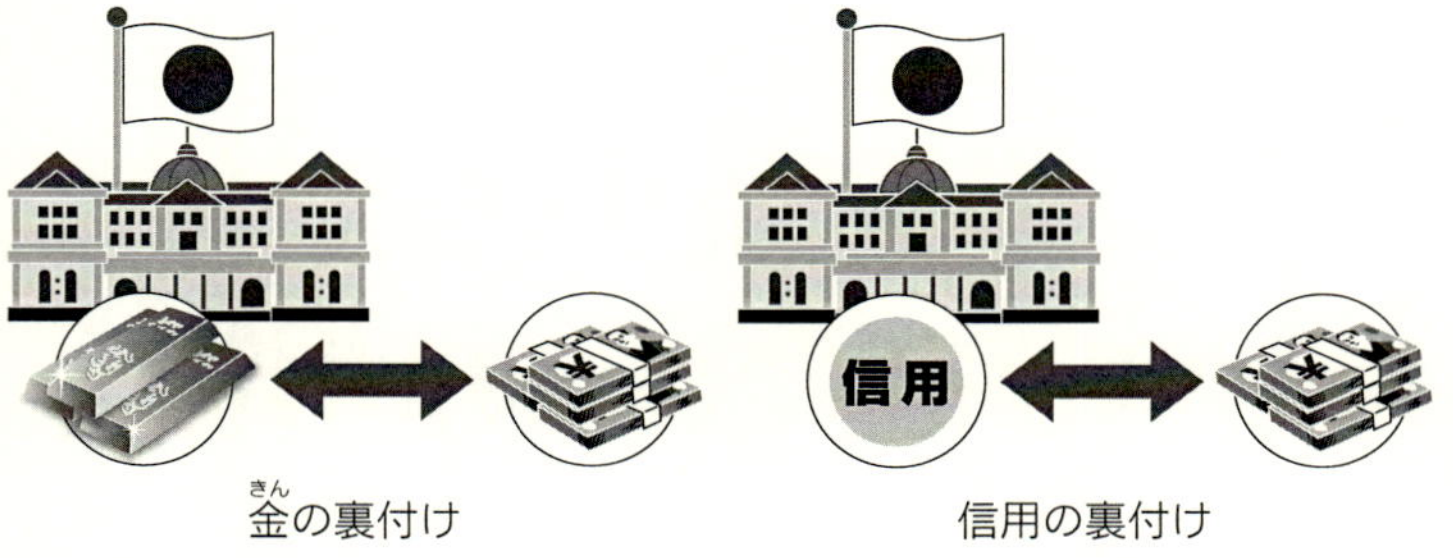

て制限されるけど、経済はどんどん成長してより多くのお金が必要とされるようになったからだ。そこで1932年に日銀は金本位制をやめて、自由にお金を発行できるようにした。金《きん》の裏付けはなくなったけれど、みんな、「日銀が発行している紙幣《しへい》はお金だ」と信用しているから、お金として通用している。つまり、国の信用があるからお金が流通しているんだね（図表1―7）。

●日本のお金が「円」になる

ところで、日本のお金が「円」になったのはいつからだろう。江戸時代の「両」が「円」になったのは、1871年（明治4年）だ。なぜ「円」となったかは、いろいろな説があるがよくわからない。親指と人差し指で丸をつくり、それがお金を示すサインだったからという説もある。1円＝100銭、その下には1銭＝10厘《りん》という単位が決められた。これを決めたのが、早稲田大学を創立した大隈重信《おおくましげのぶ》という人だった。ともかく、この時に1両が1円となり、ほぼその時の1ドルが1円と交換《かん》できるということが決まった。

こうして円が日本の通貨の名称となって、日本の中で自由に流通する通貨となった。世界各国の間での関係が深まるにつれて、世界各国それぞれの通貨との交換《かん》比率をどうするかが大きな問題となった。最初は比率を固定していたけれど、長い変遷《せん》を経て、いまはその時の経済情勢などを反映して自由に変動するようになっている。この点については後で少し話をしよう。

また、最近では電子マネーなども幅広《はば》く使われるようになったし、さらにビットコインなども出現するようになってきた。大切なことは、お金の裏側にはいつも「信用」があるということだ。だから流通をするのだ。そして、お金が流通するときにはいつも、感謝の気持ちが一緒《いっしょ》に込《こ》められている。お金って、感謝の気持ちを入れる封筒《ふうとう》のようなものだと思う。感謝の入っていないお金は、空っぽの封筒《ふうとう》のようなものだ。

お金は感謝と一緒《いっしょ》に世の中をめぐる

ところで君たちは、なぜATMからお金が出てくるかわかるかな。いろいろな人にこの質問をすると、答えられない人が多いんだよね。「みんなが銀行にお金を預けている。だからATMからお金が出てくる」と答える人もいる。でも、それは人のお金だから、他の人が自由に出せるわけではない。

ATMからお金が出てくるのは、君たちの保護者の方が、毎日、一生懸《けん》命働いているからだ。例えば、チョコレートを作る会社で君たちの保護者の方、例えばお父さんが働いているとしよう。毎日、毎日、おいしいチョコレートを作る仕事している。会社は、そのような仕事に対して、「ありがたいな」と思っている。感謝をしているから、感謝のしるしとして給

図表１－８

絵：ムムリク。

料を、銀行にあるお父さんの口座に振《ふ》り込《こ》んでくれる。ＡＴＭから出てくるお金は、その振《ふ》り込《こ》まれたお金なんだ。

　でも、どんどん社員に月給を払《はら》っていくと、会社にお金がなくなってしまう。当然、会社は社員が作ったチョコレートをお店におろす。お店は、「これで自分たちは良い商売ができる」と思い、「ありがたい」という感謝の気持ちを込《こ》めて、その代金を会社に払《はら》う。そのお金の一部が会社で働いている社員の月給になっている。

　お店も当然、チョコレートを販《はん》売しなければ稼《かせ》げない。そこで、チョコレートを店頭に並べて、お客に買ってもらう。店頭に来たお客は、「おいしいチョコレートを食べられてうれしい」と思う。「ありがたい」と思う。だから、感謝のしるしのお金をお店に払《はら》う。お店はその代金の一部は自分の利益にして、残りをチョコレート会社に支払《はら》っているわけだ（図表1―8）。

ここで考えてもらいたい。チョコレートを買っている人は君たちだ。お父さんがATMからお金を出して、そのお金の一部を、おこづかいやお手伝いのごほうびとして君たちはもらう。そして、そのお金でチョコレートを買う。コンビニで1枚100円のチョコレートを買うと、そのお金の一部はチョコレートの会社で働いている人の月給になっている。その人は月給をもらって、必要な物やサービスを得るために使う。そうすると、そのお金はその物やサービスを提供している会社の人の月給になる。こうしてお金は、世の中の人たちを結びつけている。

ここからわかることは、お金というのはいつも感謝と一緒《いっしょ》に世の中をぐるぐる回っているということだ。だから、江戸時代にはお金のことを「お足」と言った。ATMからお金が出てくる裏側には、このように毎日、一生懸《けん》命仕事をしている人がいて、その仕事に感謝をする人がお金を払《はら》っているということを忘れてはいけない。つまり、感謝とお金は、手に手をとって世の中をぐるぐる回っている。この仕組みを知ってもらうことは、君たちがこれから世の中に出て仕事をする上で、とても大切なことだと思う。

お金が結ぶご縁《えん》のネットワーク（チョコレートができるまで）

君たちは、チョコレートが何でできているか知っているかい。そう、カカオの実だね。では、カカオってどこで取れるのだろうか。それも知っている人が多いと思う。日本が一番たくさんカカオの実を輸入しているのは、ガーナだ。世界で最大のカカオの生産地は、コートジボワール。その他、インドネシアやブラジルなどの暑い国でカカオの実は取れる。カカオの実はとても面白い。木の高さは7メートルから10メートルぐらいで、カカオの実はその幹に直接できる。その実を割ると、中にたくさんの豆が入っている。暑い中で毎日、毎日、そのカカオの実をとって豆を出し、袋《ふくろ》に詰《つ》めている人たちがいる。もしかしたら君たちと同じぐらいの歳《とし》の子供たちも、その仕事に参加しているかもしれない。

そうして、袋《ふくろ》に詰《つ》められたカカオの実を、日本の商社マンが買って、トラックに乗せて港へ運ぶ。港で船に乗せ、海を渡《わた》って日本に運ばれてくる。トラックを運転する人もいるし、船を操縦して日本に持ってくる人も、みんなチョコレートができるまでの仕事に関係している人たちだ。日本の港に着いたら、またトラックに乗せてチョコレートの工場に運ぶ。チョコレートの工場では、たくさんの人たちが働いている。いろいろな分野の人たちが協力し合いながら、おいしいチョコレートが作られる。そして、そのチョコレートは、お菓子屋《かし》さん、

図表1－9

絵：ムムリク。

コンビニ、スーパー、キヨスクなどに運送される。君たちはそこでチョコレートを買うことができるわけだ(図表1－9)。

板チョコの値段って、だいたい100円ぐらいだよね。この1枚100円の中に、ガーナで毎日、毎日、カカオの実をとっている人たちの生活費が含まれている。トラックを運転する人や、船を運航する人、チョコレートの工場で働いている人、お店屋さんで働いている人たち、すべての人たちが働いた結果としておいしいチョコレートができあがり、君たちはそれを1枚100円で買っている。この1枚100円の中に、世界中の人たちの労働がつまっているんだ。みんなの働きがお金というものによって結びつけられて、チョコレートという形のあるものになって、君たちの手元に届いている。

そう考えるとすごいことだね。世界中の人たちが、お金によってつながっている。そして、そのつながっているお金の流れと一緒に、感謝の気持ちが伝えられているんだ。だから、君たちもチョコレートを食べる時、チョコレートを作るのに関わった人たちの仕事に対して感謝の気持ちを持ちたいものだね。

もちろん、これはチョコレートだけの話ではない。私たちの生活を支えてくれているすべてのものが、世界中の人たちの共同作業によってできあがっている。その共同作業は、お金によって結びつけられている。私たちはその仕事によって、毎日生活することができている。このことからも、お金が世の中でどんなに大切な働きをしているかがわかるだろう。そして私たちの生活は、お金によって支えられていることもわかると思う。私たちの生活を、私たちの見えないところで支えてくれているすべての人たちに対して、いつも感謝の気持ちを持つということがとっても大切だと思う。

それが「おかげさま」ということだ。「おかげさま」の「お」は、尊敬を表すときに使う言葉だね。「さま」は敬語。そして、「お」と「さま」の間にあるのは「かげ」、つまり、「おかげさま」という言葉は、私たちの生活を陰《かげ》で支えてくれているごえんのネットワークに尊敬と感謝を込めて表現しているんだ。お金のことをよく考えてみると、世界中の「ごえんのネットワーク」のおかげでみんながつながって、生活ができていることがわかってくる。

この章の復習

- ●お金はどうして感謝のしるしなのか説明してごらん
- ●なぜ、紙のお金が流通するのか考えてみよう
- ●君たちが使っている教科書がどのように作られているのか考えてみよう

第2章 働くということ

楽して儲《もう》けることはできますか？

私の授業で多分、一番たくさん来る質問は、「楽して儲《もう》けることができますか」だろう。よく考えてほしい。儲《もう》けるためには、働かなければいけない。「働く」という言葉は「はた」を「らく」にするという意味だと言われる。「はた」、つまり、周りの人たちを「らく」にしてあげることによって、その人たちから感謝をされる。そして感謝のしるしのお金を受け取ることができる。これが働くということだ。だから楽をして儲《もう》けるということは絶対にできない。楽をしようとしたら、楽をさせてくれた人に対して感謝のしるしのお金を払《はら》わなければならない。人を楽にしてあげるから、感謝をされてお金を得ることができるのだ。

「楽して」儲《もう》けることはできない。でも「楽しく」儲《もう》けることはできる。「楽《らく》して」と「楽《たの》しく」は、たったひらがな一字の違《ちが》いだけれど、その意味はまったく違《ちが》う（図表2－1）。そ

図表２－１

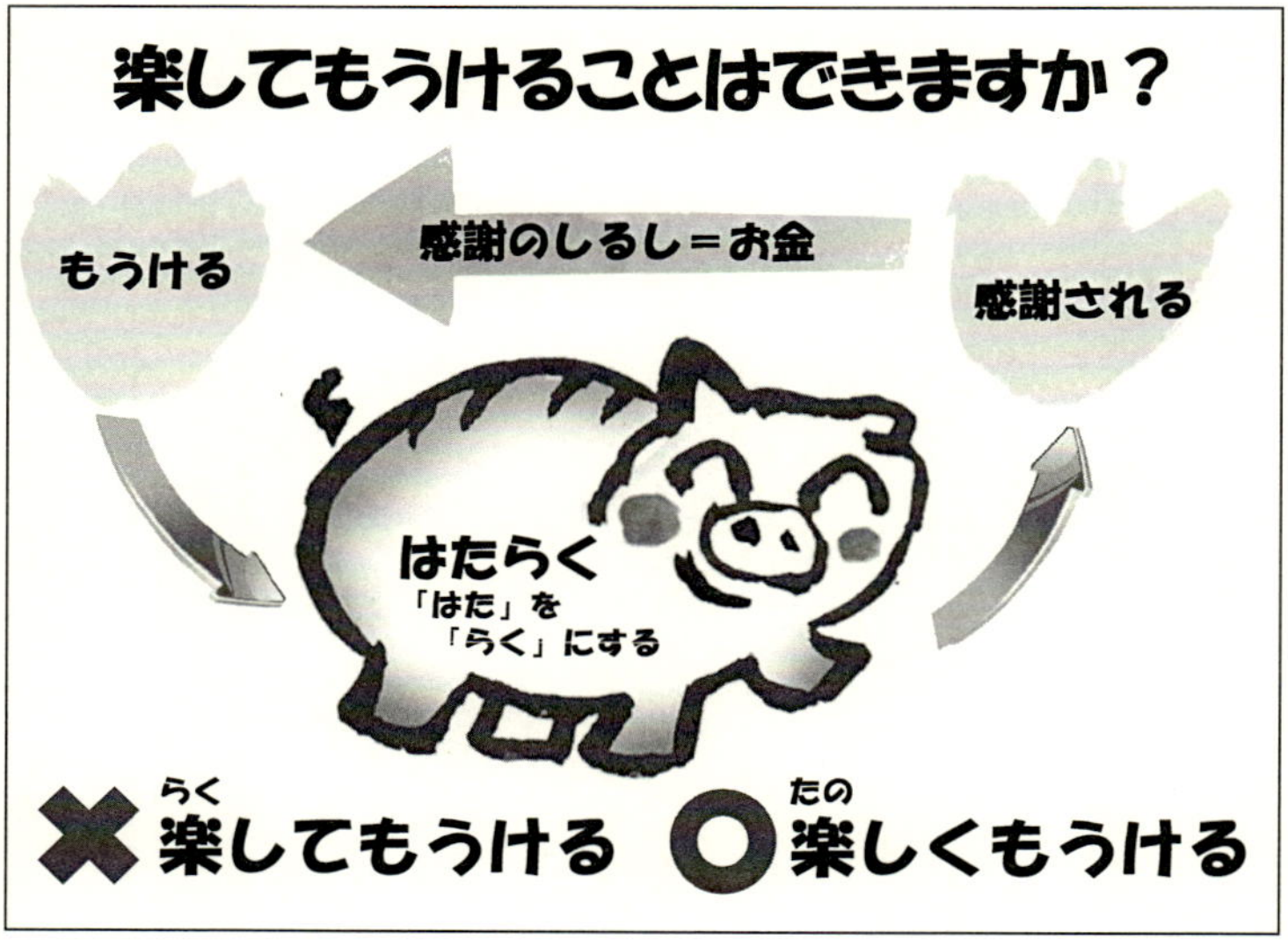

絵：ムムリク。

れでは、君たちが本当に「楽しい」と思うことは一体なんだろう。ゲーム機で遊んでいる時という人もいるかもしれない。友だちと野球やサッカーをしている時だという人も、おいしいお菓子《かし》を食べている時という人もいるかもしれない。それらは確かに楽しいことだ。でもそれは一時的なものだ。

私の友人で成功者がいる。でも、彼は29歳《さい》まで大変な不良だったそうだ。その人がある立派な人の感化を受けて、こんなことではいけないと気づく。しかし、高校退学、大学中退といった経歴では仕事は見つからない。そこで自分で会社を作ろうと決める。そのときに、「会社を作るならまず、会社の基本となるビジョンが必要だ」と言われる。「ビジョンってなんですか？」と聞くと「心の中からの叫《さけ》びだ」と言われるんだね。そこで彼は知恵《え》を絞《しぼ》って2つのビジョンを考えた。それらは、

① 棚《たな》からぼたもち
② 楽《らく》して儲《もう》ける

というものだった。しかし、すぐに会社はつぶれた。なにが間違《ちが》っていたのだろうと考えた。そこで、ビジョンを修正して

① 他人にぼたもち（喜び）をあげる人になる
② 楽《たの》しく儲《もう》ける

とした。そうしたらビジネスがうまくいくようになって、そして大成功をしたという。

君たちの心の中をよく見つめて欲しい。自分が心の底から楽しいと思えるのが何か、わかってくるはずだ。それは「人に喜んでもらう」ということ。人に笑顔を与えること。それができるということが、自分にとって一番楽しいことだということに気づくだろう。人から感謝されること、それが自分にとって一番楽しいことなのだ。

「仕事」の「仕」は、「仕える」という字だ。仕えるとは奉《ほう》仕すること、何に奉《ほう》仕をするか

図表２－２

良いもうけ方と悪いもうけ方
感謝の貯金箱
こんなことすると・・・
ひどい目にあうよ

絵：ムムリク。

といえば世の中だ。世の中に奉仕《ほう》することが仕える事、つまりそれが「仕事」だ。そしてお互《たが》いに奉仕をし合うことが、「仕合わせ」、しあわせなのだ。そのしあわせなことによって、お金を稼《かせ》ぐことができる。それが本当の意味での仕事ということだ。君たちは、いずれ社会に出て仕事をすることになる。その時に仕事というのは、みんなが笑顔で暮らせる良い社会を作るために行っているのだということを忘れないでほしい。君たちのような学生時代は、将来、本当にいい仕事ができるようになるためのその準備をしている時代だと知って欲しい。

ところが残念なことに、世の中には人に感謝されないでお金だけを人から奪《うば》ったり、盗《ぬす》んだりする人もいる。しかし、そういう人はすぐに悪事がばれてつかまってしまう。テレビでお詫《わ》び会見をしたり、新聞で批判されたり、君たちも見たことがあるだろう。そして、しょっちゅう、そういう記事を見ていると、だんだん「お金は汚いもの」、「お金持ちは悪い人」という誤ったイメージが刷り込まれてしまう。これはとても残念なことだ。そのような悪事を働く人は、世の中のほんの少しだ。君たちの保護者の方たちのように毎日、一生懸《けん》命、世の中のためになることをして、みんなから感謝されてお金を稼《かせ》いでいる人たちが大部分なのだ（図表2―2）。

仕事を通じて私が学んだこと

●どんな時も今、できることを一生懸《けん》命にする

君たちはいずれ社会に出る。ここで、私が社会に出て仕事を通して学んだことを少し話しておきたいと思う。私は、1971年に証券会社に就職をした。東京で2年仕事をした後、ブラジルのサンパウロに転勤になった。初めて海外で仕事ができるというので、とてもはりきってブラジルに向かった。でも、1973年、ブラジルに到《とう》着してすぐ、世界的に石油の値段が大幅《はば》に上昇《しょう》した。それが、第四次中東戦争を発端《ほったん》に原油価格が約4倍になったオイル・ショックという歴史的な大事件だった。日本も危機に陥《おちい》ったし、ブラジル経済も大変な混乱

状態になってしまった。その結果、ブラジルに2年いたけれども、ほとんど仕事はできなかった。はりきってブラジルに行ったのに仕事がない。そういう意味ではとてもさびしい思いをしたものだ。日本にいる同期の友だちが活躍《やく》しているという話を聞くたびに、正直落ち込《こ》んだものだ。自分も何かもっとエキサイティングな仕事をしたい。いつもそう思っていた。

その当時、私と同じように、若い人たちがブラジルにたくさん転勤をしてきていて、みんな仕事がなくなって同じようにさびしい思いをしていた。そういう人たちととても仲良くなることができた。今でも、年に何回かブラジル・レストランで集まって昔話に花を咲《さ》かせている。仕事はなかったけれども、友だちというとても大切な財産を得ることができた。しかし、その時は、なぜ自分はブラジルでほとんど仕事のできない状態にいなければいけないのかと自分の不運を残念に思っていた。でも、とにかくできることだけは一生懸《けん》命にやった。その結果、少しだけビジネスもできた。何十年も後になって、あの時の体験が自分の視野を広げることに役立ったことに気づいた。また、とても楽しい友だちもできた。自分は不運だと思っていたあの時、今、感じている幸福の種をまいていたのだと思う。

君たちもきっと今、そしてこれからも、いろいろなつらい思いや、苦しい思いをするだろう。でも、いつも足もとでやらなければならないことをまじめにやっていれば、必ずいつかそれが大きな花を咲《さ》かせてくれる。つらい思いや苦しい思いをするということは、ずっと将来のしあわせの種をまいているのだ。だから、苦しいことや辛いことから逃《に》げるのではなく、それに全力で立ち向かって行ってほしい。世の中に不運や不幸なんてない。あるのはチャレンジ、挑戦だけだ。

過去を変えることはできない。でも、将来は変えることができる。その将来を変えるために必要なことは、今、足もとにあることを一生懸命《けん》するということ。それに尽《つ》きる。過去は変えられない。未来はまだ来ていない。だから、「今」できることをするしかない。

●プロの基本は正直であること

ブラジルに2年間いて、それから同じ会社のニューヨークの店に転勤になった。その後、ニューヨークで9年間を過ごすことになる。ニューヨークの店で担当することになったのが証券アナリストという仕事だった。その仕事は、株式や債《さい》券の価値を分析《せき》するという仕事だ。ニューヨークには、この分野の最高峰《ほう》のプロがたくさん活躍《やく》をしていた。若造の私は必死にレポートを書いて、彼らに日本に投資をするように説明をした。彼らは、ものすごく自分の仕事にプライドを持っていて、私に対しても非常に厳しく対応をしてくれた。これは本当にありがたいことだった。相撲《すもう》の稽《けい》古ではないけれど、彼らの胸を借りて自分を成長させることができた。

1983年に、私は全世界で通用する証券アナリストの資格を取得することができた。多分、日本で10人目ぐらいだったと思うし、当時、全世界でも7000人ぐらいしか持っていない資格だった。この資格を持っている人は、プロとしてお客に本当に正しいことを伝える義務を持っている。そのころの試験は年に1回で、一次試験から三次試験まであった。つまり、合格するのには最低3年かかった。試験は毎回6時間で、全問が論文形式だった。もちろん、すべて英語だ。とても大変な試験だったがとにかく夢中で勉強をした結果、合格することができたときはうれしかった。そして、この勉強で得た知識は、今でも大変役に立っている。

ちょっと難しいかもしれないけれど、例えばある株式の値段がいま1000円だとしよう。でも自分が徹底《てってい》的に調査をしてみると、その価値は1500円だったとする。価値が1500円の株式の値段が1000円だったら、これは魅《み》力がある。それを正直にお客に伝える。でも、もし、その本当の価値が500円しかなかったら、その時はお客様に「この株式はあまりお勧《すす》めできませんよ」ということを正直に話す。本当は500円の価値しかない株式を、商売ができるからといって1000円でお客に買わせるというのは正直な行動ではない。それはプロの道に反することになってしまう。そのことを証券アナリストの仕事ということを通じて、私は徹底《てってい》的に学ばせてもらった。

仕事で一番大切なことは、常に自分のプロとしての良心に正直であること。これが証券アナリストという仕事を通じて私が学んだ、もっとも大切なことだった。そして正直さを貫《つらぬ》いていけばお客様から信頼《らい》をされ、そして自然にビジネスもできるようになる。私はこの証券アナリストという仕事を、1975年から1984年までニューヨークで、そして1984年から1989年まで東京で、通算15年間にわたって担当させてもらった。

●本当に良い願いはかなう

そのころ、テレビのニュースで、不祥事《ふしょうじ》を起こした会社の社長がおわび会見をしていた。その時に、妻が「どうしてみんな、社長になりたがるのかしら」と言ったのだ。なぜ、みんなに非難されるようなことをしてまで社長の座にしがみついているのだろうという意味だったと思う。その時、私は自分では全然意識をしていないのに、こんな言葉が口から出た。「だって、社長になればいくらでも世の中のためになるいいことができるじゃないか」と。自分の言葉に自分が納得した。そして、「そうだ、いつか、企《き》業の社長になってみんなが喜ぶような仕事をしよう」と思った。あれは、いまでも「天から降りてきたメッセージだったのだ」と思っている。

そのころ、私は毎朝5時に起きて、外で太極拳や柔軟《なん》体操などをしていた。それ以来、外に出るとまず、願いを込《こ》めてお祈りをするようになった。「いつの日か社長になって、みんなが幸せになれるような仕事ができますように」と。最初はもっと長い文章だったと思うけれど、毎日祈っているうちにだんだん無駄《むだ》な言葉が省かれて、本当に自分にとって大切な内容だけが残るようになった。それを毎日唱えていたところに、私に「社長になって日本での事業を立ち上げて欲《ほ》しい」という話が舞《ま》い込《こ》んできた。1990年のことだった。

君たちも、自分の願いごとを毎朝唱えてみるといい。そうするとだんだん、自分が本当に何を望んでいるのかがわかるようになる。そして、願いごとの内容が少しずつ変わってきてより良いものになっていく。それによって自分の心の内側を観察することもできるようになる。お祈りというと宗教と結びつけることが多いけれど、宗教とは関係なく静かな気持ちで、自分が本当に望んでいるのはどんなことなのだろうということを考える時間を持つことは、とても大切なことだ。そうしていると、自分の人格も磨《みが》かれて幸運がやってくることになる。

●お客様に感謝されることをしていればお金はついてくる

1990年にご縁《えん》があって、アメリカの年金の運用をする会社から、日本でのビジネスを社長として立ち上げて、そして育ててほしいという話が私のところに舞《ま》い込《こ》んできた。とても素晴らしい会社だったので、私は今までの会社を退職して、そちらの会社に転職をした。そして、社長になりたいという願いはかなった。しかし、本当に重要なのは「みんながしあわせになる仕事をする」という願いだ。その願いを実現するための仕事が始まった。

年金の運用という仕事について少し説明をしておこう。君たちの保護者の方は、ほとんどが今は働いていると思う。でも、いずれ定年退職の時期を迎《むか》える。そうすると収入がなくなってしまう。それでは生活ができなくなって困る。そこで年金というのは、働いているうちに少しずつ資金をとっておき、そして退職をした後、その資金を使って生活をしていこうというものだ。働いている現在から、お金が必要となる将来までは長い時間がある。その時間を使って、できるだけ安全に、そしてできるだけ大きく、将来のためのお金を育てていく。これが年金の運用という仕事だ。

日本に年金運用の会社を作り、いよいよ事業を始めようとしたときに、アメリカの会社のトップから言われたことがいまでも忘れられない。それは「君たちの仕事は、これから何十年も先に退職をしていく人たちが、少しでもお金の心配をしないですむようにしてあげることだ。もし君たちが日本のどの会社よりも、それが上手にできたなら、君たちは日本でトップの会社になれるだろう。私はそれを君たちに期待している」というものだった。彼からは、「無駄《むだ》なお金を使うな」とはしょっちゅう言われたけれど、「お金をたくさん儲《もう》けろ」と言われることはなかった。つまり、お客様が一番感謝することをしていれば、そして、日本のどの会社よりも、それが上手にできれば、自然に日本でトップの会社になり、その結果として、お金もついてくる。そう信じて、私たちはお客様にとって一番良いことをどんどんやろうとした。今まで他の会社がやったことのないことであっても、それがお客様にとって良いことであれば実行していった。それに対していろいろな抵抗《ていこう》があったことも事実だった。でも、それがお客にとって良いことであれば、勇気を持ってそれを行っていった。その結果、1990年にお客様はゼロ、従業員3名で始めた会社は、2005年には200人以上の従業員と10

兆円以上のお客様のお金をお預かりする会社にまで成長し、日本でトップ・クラスの会社となることができた。本当に、日本でトップになるという目標は実現したのだ。

その時、私の心の中に達成感というか、満足感が生じていることに気づいた。私は「これではいけない。私のこの会社での仕事は終わったのだ」と痛感した。自分の作った会社なので、もっともっと大きく、強く成長してもらいたい。でも一番上にいる人間が満足感や達成感を持っていては、それ以上の成長はできない。「まだまだ」、「もっともっと」と思う人がトップの座に就くべきだ。私はそう思った。そして2005年に、その会社を私は退職させてもらった。

●世の中へのご恩返しという仕事

その時、私は58歳《さい》だった。私は証券アナリストとして15年、年金の運用を15年行ってきた。では次の15年、私が73歳《さい》になるまで何をしようか、それを考えた。今まで私の人生は、常に海外の進んだ知識を日本に持ってくることに関係をしていた。「そうか、それが自分の人生のミッションなんだな」と気がついた。では、今、日本で一番、海外と比べて遅《おく》れている分野はなんだろう。そう考えたときに、お金持ちではない、普《ふ》通の人たちがどうしたら幸せなお金との付き合い方ができるか、どうしたら豊かで幸せな人生を送れるか、それを誰《だれ》も教えていないことに気づいた。そこで、それをお教えすることで、これまでお世話になってきた世の中にご恩返しをしようと思った。そして、I-Oウェルス・アドバイザーズという会社を2005年の5月に設立し、小学校入学前の小さな子供たち、君たちのような学生、そして今、働いている人々、退職をした人々、あらゆる世代の人たちに、人生を通じてどのようにお金と付き合ったらよいのかを、日本全国で講演を行い、また、たくさんの本を書いて知っていただこうと活動をしている。

君たちがいま、できること

長い人生の中で君たちは、将来、本当にりっぱなプロになるための準備をしている。君たちが毎日やっている勉強は、まさに君たちの将来のためにやっていることなのだ。先生や保護者の方は「勉強しろ、勉強しろ」と言うかもしれない。でも、勉強は君たち自身のために行っていること、勉強は将来の自分のためであるということを忘れないでほしい。

君たちは、「どうしてこんなにたくさんの教科を勉強しなければいけないのか」と思っているかもしれない。自分にとってあまり役立たないと思われるような教科も勉強しているかもしれない。君たちの中には宝石の原石が眠っている。いろいろな教科を勉強するのは、いろいろな方向からその宝石の原石に光を当てるためだ。そしてピカッと光る原石が見つかったら、それを人生を通じて一生懸《けん》命、磨《みが》いていけばいい。その分野で本当に世界に通用するようなプロになればいい。そして世界中の人から喜ばれる仕事をして欲しい。そうすれば、みんなから感謝をされ、お金も君たちのもとにやってくるだろう。何よりも、自分が世の中の役に立っているという嬉しい気持ちを得ることができる。

世界が君たちの舞《ぶ》台だ!

今までの私の人生を振《ふ》り返ってみて、とても幸せだったのは、常に世界を舞《ぶ》台にして仕事ができたということだ。私の父は、日本の商社に勤めていた。海外との仕事が多かったので、家の電話で英語で話をしているのを聞いたことがある。「すごいなー、自分もいつか、あぁいうふうになりたいなぁ」と思っていた。中学2年の時に、私の学校にとても素晴らしい英語の先生が転校してきた。その先生と他の友だちで放課後、英語の勉強会などをやった。英語会というクラブを作ってみんなで勉強をした。高校時代も英語会に参加して、英語劇や英会話をした。

高校を卒業して2年間、アメリカの大学に留学をするチャンスに恵《めぐ》まれた。最初は全然、授業も理解できなかった。でも、1年ぐらいたつと少しずつわかるようになってきた。そして日本の大学に戻ってきてからも、いつも英語は私の側にあった。就職をして、国際部に配属になり、サンパウロやニューヨークで仕事をして、アメリカの会社で仕事もしてきた。振《ふ》り返ってみると、いつも私はグローバルな環境《かん》にいたと思う。これはとても幸せなことだった。君たちもぜひ、活動の範囲を海外にまで広げて活躍《やく》をして欲しい。

江戸時代、多くの庶《しょ》民にとって、藩《はん》が自分の世界だった。明治時代になって廃藩置県《はいはんちけん》が行われた。今まで藩《はん》が自分の世界だった人たちにとって、それはとても大きな驚《おどろ》きだったと思う。急に自分たちもほかの藩《はん》の人たちも、みんな日本という国の人間なんだということに気づかされたからだ。

今、同じことが世界中で起こっている。今まで私たちは日本を中心にものごとを考える傾《けい》向が強かった。でも、世界はグローバル化をしている。そして情報化がどんどん進んでいる。それによって私たちは、日本を舞《ぶ》台にして活動をする人間ではなく、世界村の住人にならなければならなくなってきている。だから君たちも、英語は当然として、少なくとももう1つ外国の言葉を使えるようになるといい。そして、外国の人々のことや歴史を学んで欲しい。同時に、何よりも、外国の人に日本のことを正しく伝えることができるように、日本の文化や歴史についてもしっかり学んで欲しい。日本人であることが世界の人たちから尊敬されるような存在になって欲しい。それが私の、君たちに対する願いだ。

この章の復習

- 仕事で成功するために一番必要なことは何か考えてみよう
- 君たちが将来、やってみたい仕事は何かな
- その仕事をするために今、何をすべきだと思うか

第3章 ハッピー・マネー四分法

ピギーちゃん登場

前章で、私が「人生を通じて、どのようにお金と付き合っていったらいいか」を、お金持ちではない、普通《ふ》の人たちに教える会社を2005年に設立したことを話したね。ちょうどそのころから、私は経済同友会という企業《き》経営者の団体が行っている出張授業という活動に参加するようになった。そして、たくさんの中学や高校を訪問して、そこで君たちと同じような中高生に、お金のこと、働くということ、投資ということ、学生時代をどう生きるかということなどについて話をするようになった。

数年前、アメリカの友だちが豚《ぶた》の形をした貯金箱を紹介してくれた。面白いことに、その貯金箱にはお金を入れる口が4つ開いている。そして胴《どう》体も4つの部屋に分かれている。それぞれの部屋は4本の足につながっていて、足からお金が取り出せるようになっている。とても面白いと思い、その商品を作っているマネー・サビー・ジェネレーションというシカゴの北の方にある会社にメールを送った。ちょうどシカゴに行く用事があったので、その会社の社長とランチを一緒にした。彼らと私の考え方はとても似ていた。そこで、日を改めてその会社を３日間訪問して、彼らの活動について細かく教えてもらった。その結果、この会社とだったら一緒に仕事をしたいと思うようになった。

　そして、２０１２年にその会社の商品を日本で販売する契《けい》約を結び、２０１３年から発売をすることになった。それが「ハッピー・マネーのピギーちゃん」という商品だ。ピギーっていうのは豚《ぶた》、つまり、ピッグを少し可愛く言った言葉だ。ピギーちゃんの、お金を入れる４つの穴は、英語で「セイブ（SAVE)」、「スペンド（SPEND)」、「ドネイト（DONATE)」、「インベスト（INVEST)」と名付けられている。私はそれらを「ためる」、「つかう」、「ゆずる」、「ふやす」と訳した。この４つのお金の使い方を学ぶことによって、お金との幸せな付き合い方ができるようになると考え、私はそれらを「ハッピー・

図表３－１

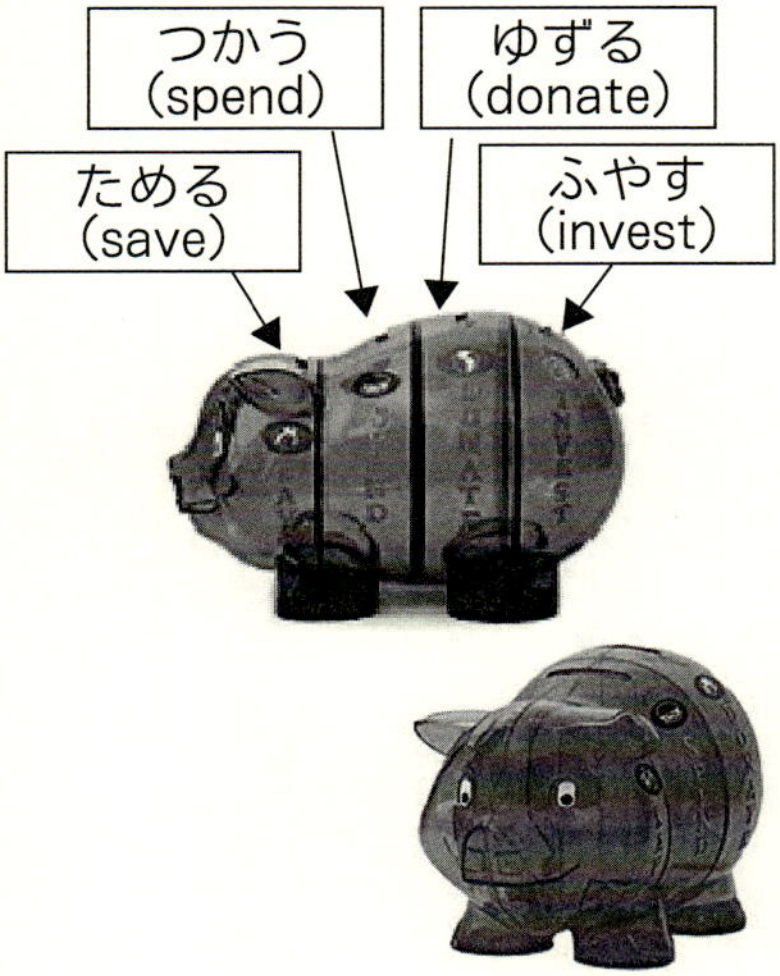

マネー四分法」と呼ぶことにした（図表3―1）。これからハッピー・マネー四分法について解説をしよう。ピギーちゃんについては、私のホーム・ページ（http://www.i-owa.com/happy-money/）にいろいろな情報が出ているので見て欲しい。

つかう ～使ったお金は戻《もど》らない

最初に「つかう」について話をしよう。図表3―2の絵の子供は、ずっとスケートボードを欲しいと考えていた。あるとき、おばあちゃんが、「それじゃ、このお金で今度、スケートボードを買いに行こうね」と言ってお金をくれた。その子はとってもうれしかった。お金は机の上に置いておいた。そのうち、いろいろと小さな欲しいものが出てきて、「これぐらいだったら使っても大丈《じょう》夫だろう」と思って少しずつお金を使ってしまった。

数日後、おばあちゃんがやってきて、「さあ、一緒にスケートボードを買いに行こう」と言われたときには、もうお金がなくなってしまっていた。その子は、おばあちゃんに「実はねぇ、あのお金、少しだけなら大丈《じょう》夫だろうと思って、ゲームなんかに使っていたら、いつのまにか全部なくなっちゃったんだ。またお金をくれないかなぁ」と言った。でも、おばあちゃんは、「あなたにあげるお金は、あれが全部よ。だから、これ以上お金はあげません。しょうがないね。スケートボードはあきらめるんだよ」と言われてしまった。とうとう、そ

図表３－２

1.つかう(SPEND、消費)
つかったおカネは
もどらないのよ

絵：ムムリク。

の子は前から欲しかったスケートボードを買うことができなくなってしまった（図表3－2）。

この話から何を学べるかな。とても当たり前のように聞こえるかもしれないけれど、大切なことは「使ってしまったお金は戻《もど》らない」ということだ。だから、お金を使う場合には、本当に欲しいものをきちんとリストにして、その中で一番ほしい物を選ぶことが、とても大切なんだ。そしてお金を使うときも、欲しいからと言ってすぐに買わないで、本当に自分にとってそれが必要かどうかをしばらく考えてみる。何日かたってみると「なんであんなものが欲しかったんだろう」って思うこともよくあるものだ。

さっき、チョコレートの話をしたね。ところで君たちは、Mチョコレートとgチョコレートのどっちが好きかな。仮に、君はMチョコレートが好きだとしよう。それを買うとMチョコレートの会社にお金が入るね。たくさんの人たちがMチョコレートをおいしいと思えば、その会社はどんどん儲《もう》かる。お金がたくさん入ってくれば、その会社はもっといろいろな種類のチョコレートを作ったり、もっと味を良くしたりできるかもしれない。いろいろなお店で販売することができるようにもなる。宣伝もできるだろうね。そして多くのお客様に喜んでもらうことができ、それがまた会社の収入につながる。もちろん、その会社で働く人たちの給料も上がるかもしれない。

君たちは、お金を使うことで会社を応援《えん》しているんだ。だから、どうせ買うなら、世の中のために役立つようなよい会社の商品を買ってあげると良い。そうするとその会社はもっと活躍して、みんなにとってしあわせな社会を創ってくれることになる。お金を使うっていうことは、ちょっと選挙の投票と似ていることがわかるね。だからお金の良い使い方をすることによって、君たちも良い社会を作ることに貢献《こうけん》できるんだ。

だいじに使おう、SPEND!
4つの上手なおカネの使いかた
●欲しいもののリストをつくる
●その中から一番、欲しいものを選ぶ
●すぐに買わないで、しばらく考えてみる
●応援《えん》したい会社の商品を買う

ためる ～我慢《まん》をすると喜びが大きくなる

ハッピー・マネー四分法の二番目は「ためる」ということだ。図表3－3を見てほしい。この男の子には妹がいる。そしてその妹は、もうすぐ誕生日を迎《むか》える。男の子は、本当はアメや、ドーナツや、アイスクリームなどを買いたいのだけれど、それを少し我慢《まん》して、ピギーちゃんの背中の「ためる」のところにお金を入れていった。そして誕生日が来たとき、お金を出して、妹のために大きなバースデーケーキを買ってあげ、サプライズ・パーティーをすることができた。この話からどんなことがわかるだろうか。「小さな我慢《まん》をずっと続けて

図表3－3

絵：ムムリク。

いくと、それがとても大きな喜びになる」ということだ。言い換《か》えれば、「小さな我慢《まん》のごほうびは大きな喜び」ということだ（図表3―3）。

でも、人間の心の中には金食い虫が住んでいる。もちろん想像上の虫だけど、お金を食べてしまう恐《おそ》ろしい虫だ。その虫は君たちに「お金を使っちゃえ、使っちゃえ」とささやく。お金を食べてしまう金食い虫に用心しよう。

図表3―4を見てごらん。左側の男の子は、おこづかいをもらうと小さなおもちゃにみんな使ってしまうので、お金はちっとも貯まらない。右側の女の子は「ギターを欲しいなぁ」と思っていた。でも、毎月のおこづ

図表３－４

絵：ムムリク。

かいでは、ギターは簡単には買えない。そこで、ピギーちゃんの「ためる」のところにお金を入れていって、そしてついにそのギターを買うことができた。小さなおもちゃでも喜びは得られる。でも、我慢《まん》をして、１カ月のおこづかいでは買えないような大きな買い物をした時の喜びは、とても大きなものだ。お金を使ってはいけないわけではない。でも、すべてのお金を、今、自分が欲しいもののために使ってしまうのではなくて、もう少し先の自分が大きな喜びを得ることのために貯めておく。それもとても大事なことなんだ。

ピギーちゃんの「ためる」の部屋がお金でいっぱいになってきたら、

図表3－5

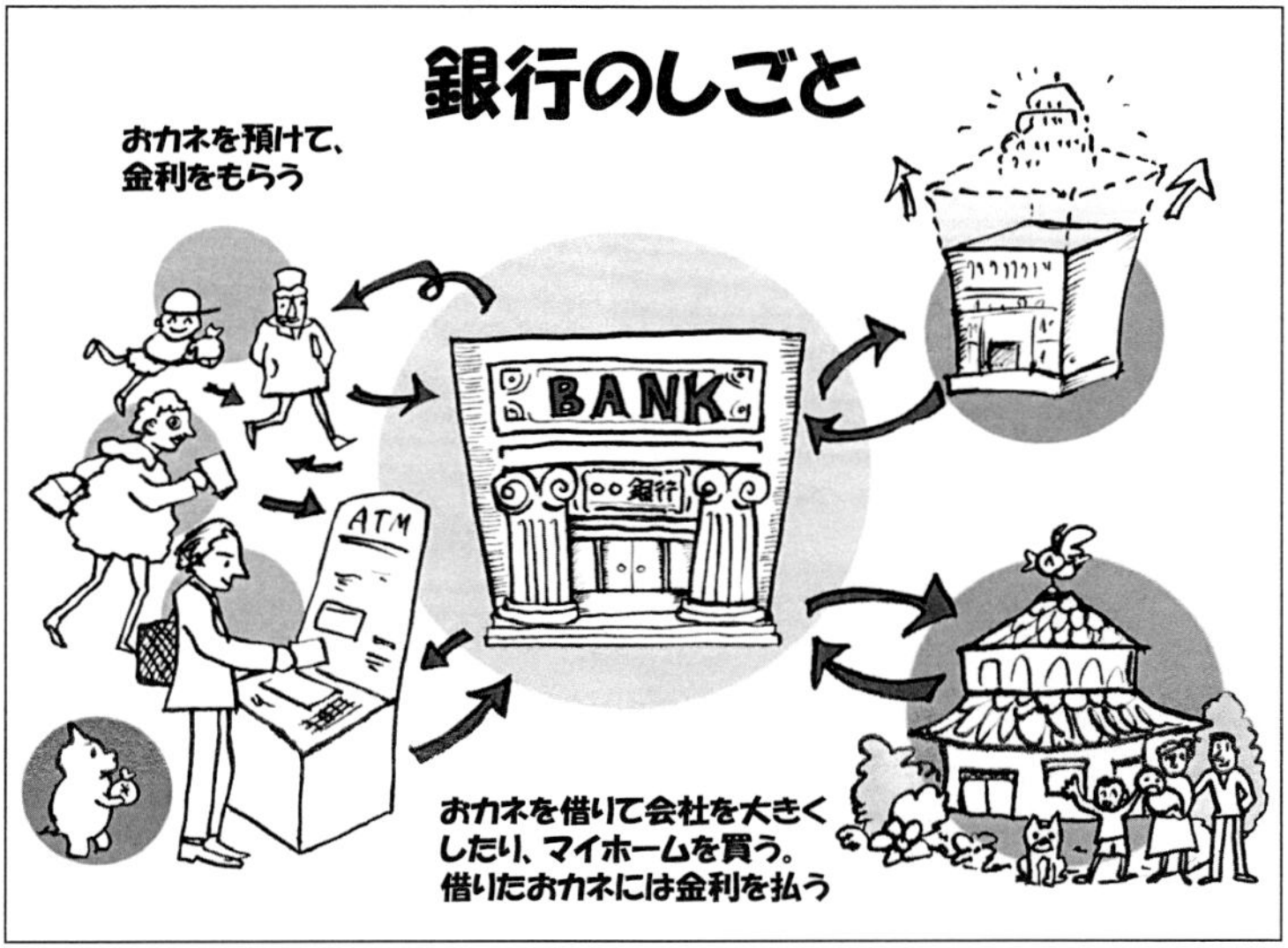
銀行のしごと
おカネを預けて、
金利をもらう
BANK
○○銀行
ATM
おカネを借りて会社を大きく
したり、マイホームを買う。
借りたおカネには金利を払う

絵：ムムリク。

そのお金を出して銀行に預けてはどうかな。君たちの中には、すでに銀行に口座を持っている人も多いだろう。もし、まだ口座を持っていないなら、保護者の方に話して口座を作ってみよう。

ここで少しだけ、銀行がどんな仕事をしているかについて話をしておこう。図表3－5に描《か》かれているように、銀行にはたくさんの人がお金を預けている。だから、銀行にはたくさんのお金が集まる。銀行はそのお金をまとめて、いろいろな人や会社に貸している。もちろん、しっかり調べて、「この相手ならお金を貸しても大丈《じょう》夫だ」という審《しん》査をした上でお金を貸す。会社を大きくするためにお金が必要な人もいる。また、マイホームや自動車を買うためにお金が必要な人もいる。そういう人たちにお金を貸してあげると、その人たちはとてもありがたいと思う。そして感謝のしるしとして、借りているお金に対して約束をした利子を払《はら》う。利子は、利息とか金利とも言われる。銀行はそれらの利子を受け取り、その一部を銀行に預金をしている人たちに「預金をしてくれてありがとう」という感謝を込《こ》めて支払《はら》う。

ピギーちゃんのおなかにお金を貯めても、それは増えない。でも、ピギーちゃんのおなかがお金でいっぱいになってきて、それを銀行に預ければ、その預金に対して利子をもらえる。つまり、お金を銀行に預けると、そのお金が世の中で働いて、人々の役に立ち、その結果、お金が少しだけど増えるということだ。だいたい家にお金を置いておくと、つい使ってしまうこともよくある。金食い虫がやってくるんだね。でも銀行にお金を入れておくと、銀行まで行かなければお金は出せない。つまり金食い虫の予防になるんだ。

「ためる」ためのコツを少し教えておこう。まず最初に、何をいつ頃《ごろ》欲しいかを決める。そして、毎月いくらずつ貯めたらいいのかを計算してみる。そして一番大事なことは、おこづかいをもらったら、お金を使う前にまず貯めてしまうということだ。そして、金額が大きくなってきたら、銀行に預金をする。銀行に預金をするときには、銀行の仕事についても勉強してみるといい。銀行は、世の中でとても重要な仕事をしている。だから、その仕事について勉強をするということは、世の中の仕組みを知ることにもなる。銀行では、いろいろな言葉が出てくる。例えば、普《ふ》通預金と定期預金はどう違うか、元本や満期という言葉の意味はなにか、利子はどれぐらいもらえるのかなどだ。そして、利子はどのように決まるのか。銀行にお金を預ける時に、そのような言葉の意味も一緒に勉強をしてしまえば、とても良いことだと思う。

コツコツためよう、SAVE!
●何をいつごろ欲しいのかを決める
●毎月いくら貯めるかを決める
●「つかう」前に「ためる」
●金額が大きくなったら銀行に預金する
●銀行の仕事について学ぶ

ゆずる ～他人の笑顔は自分の笑顔

ハッピー・マネー四分法の三番目は「ゆずる」だ。「ゆずる」というのは別の言葉で言えば、寄付をするということ、英語では「ドネイト」という。大切なことは、人に笑顔をあげ

図表３－６

絵：ムムリク。

ると、自分にも笑顔が返ってくるということだ。つまり、人の笑顔は自分の笑顔。君たちが良いお金の使い方をすることで、世の中に笑顔がたくさん増えて、そして君たち自身が笑顔になれる。これって、とっても素晴らしいことだよね。

「ゆずる」のは、必ずしもお金でなくても良い。お金がなければ、１日に１つでいいから人の喜ぶことをしてみたらどうかな。これを「一日一善」と言う（図表３－６）。例えば、電車でお年寄りに席をゆずる。これも「ゆずる」だね。道にゴミが落ちていたらそれを拾う。おばあちゃんの肩《かた》たたきをしてあげる。おじいちゃんの代わりに、ペットの散歩をしてあげる。どんなことでもいいから、人が喜ぶことを1日に1つだけでもやってみよう。例えば、君たちの保護者の方に、1日に1回でいいから心から「今日も私を育ててくれてありがとう」と言う。学校の先生にも「ありがとう」と言おう。感謝の気持ちを込《こ》めて、ありがとうという言葉をあげよう。おかげさまという気持ちで、君たちを支えてくれている世の中のすべての人たちに感謝をしよう。

君たちは、駅の前などで募《ぼ》金活動をしたことがあるかもしれない。また、赤十字やユニセフのような大きな団体に募《ぼ》金をしたこともあると思う。それはとてもいいことだ。でもそのお金がどのように使われて、どのように世の中のためになっているかは、ちょっとわからない点がある。そこで最近広がり始めている、君たち自身ができる社会貢献《こうけん》ということについて少し話をしよう。

日本フィランソロピー協会が、サービス・ラーニングという活動を展開している。最初に、君たちの身の回りでどのような人たちが困っているか、どのような人たちを助けてあげたいか、地域の課題から、まず募《ぼ》金の目的について話し合い、君たち自身が何のために募《ぼ》金をしたいかを決める。そして、自分たちで募《ぼ》金を集めるための説明書やチラシを作成する。それができたら、みんなで街の中に出かけていき、地域のお宅やお店を訪問して、そこで募《ぼ》金の目的をよく説明して、寄付をしてもらう。もちろん最初はなかなか難しいかもしれない。でも何度も訪問して説明をしているうちに、相手の方もわかってくださる。そして、お金を寄付してくださる。お金が集まったら、みんなで具体的な寄付先を決めて、そのお金の贈呈《ぞうてい》をする。このような活動だと、君たちは、努力して集めた寄付がどのように使われていくかがはっきりわかる。

ある学校では、みんなで相談をした結果、井戸《い》がないアフリカの国の子供たちを助けようということになった。毎日、片道、何時間もかけて川まで水をくみに行き、そしてそれを持って帰ってくる。とても大変な作業だし時間もかかるので、学校にもなかなか行けない。そこで、中学校の生徒たちが、「よし、じゃあ、僕たちで彼らの村に井戸《い》を作ってあげよう」と決めた。そして募《ぼ》金活動を始めて、集まったお金でとうとう、その村に井戸《い》を作ってあげることができた。

もう1つ例をあげよう。ある中学校ではみんなで相談をして、その地域の一人暮らしのお年寄りに自筆の年賀状を書いて送ろうということになった。いろいろなお店を回って、たくさんの人から少しずつ寄付をいただいた。そのお金で年賀状を買って、みんなでメッセージを書いて、その地域のお年寄りに年賀状を送った。お年寄りはとても喜んでくださり、学校にたくさんのお礼のハガキが来た。つまり、みんなが喜びを分け合う気持ちを持つと、みんなの笑顔がどんどん広がっていく。これはとっても楽しいことだよね。

みんなを笑顔にしてあげると、自分も笑顔になれる。笑顔になると幸運がどんどんやってくる。中国に「開運の秘訣《ひけつ》」がある（図表3―7）。開眉仰月口《かいびぎょうげつこう》というものだ。この絵の右の

図表３－７

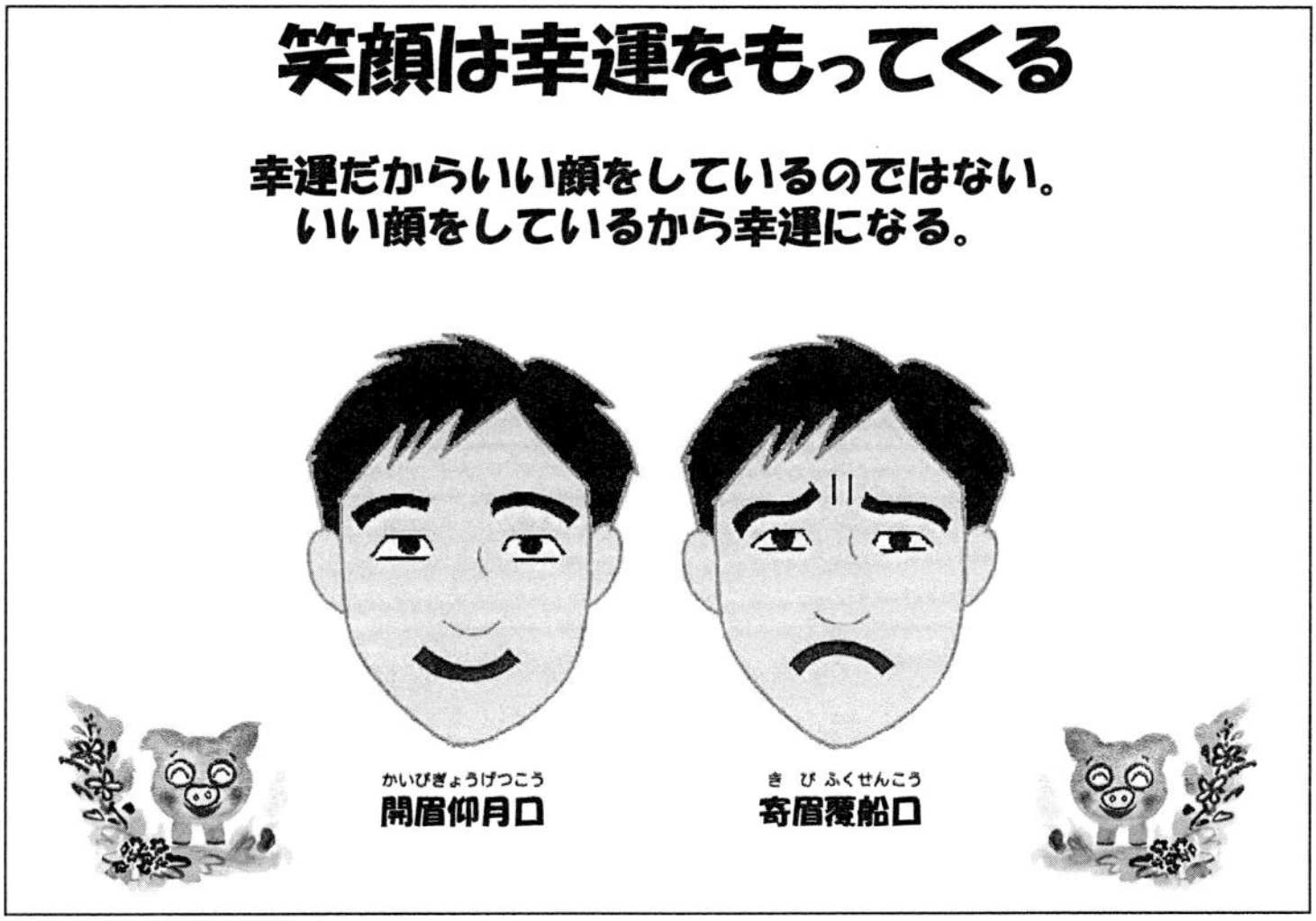
笑顔は幸運をもってくる
幸運だからいい顔をしているのではない。
いい顔をしているから幸運になる。
開眉仰月口《かいびぎょうげつこう》
寄眉覆船口《きびふくせんこう》

出所：拙著『瞑想でつかむ投資の成功法』（総合法令）より。

人と左の人の、どっちと君たちは付き合いたいかな。普通は左側の顔の人だね。この人の眉《まゆ》毛は開いているし、口も月を眺《なが》めているように両端《はし》が上がっている。こういう顔をいつもしていると、みんなと友だちになれ、良いことがたくさん起こるようになる。反対に、右側のような顔は寄眉覆船口《きびふくせんこう》といって、眉《まゆ》毛が寄って眉間《みけん》にしわができている。口も転覆《ぷく》した船のように両端《はし》が下がっている。こういう顔をしていると、幸運は逃げていってしまう。つまり、良い顔をしている人は幸運だから良い顔をしているのではなく、良い顔をしているから幸運になっているということなんだ。

「ゆずる」のはお金でもいいし、モ

ノでもいい、時間でも、労働でもいい。一番大切なのは気持ち。「相手に、気持ちを込《こ》めて笑顔を届けてあげる」ことになるのだ。そして、それが君たち自身の笑顔になってかえってくる。まず一日一善から始めてみてはどうかな。

人にもゆずろう、DONATE!
●世の中の課題を考える
●何ができるかを考える
●ゆずるのは、お金でも、モノでも、時間でも、労働でも良い
●一番大切なのは「気持ち」
●まず、一日一善から始めよう!

ふやす ~未来のためにお金を働かせる

ハッピー・マネー四分法の最後は「ふやす」ということだ。難しい言葉で言えば、「投資をする」、英語では「インベスト」という。君たちは、ずっと将来の夢を持っているかな。

例えば、日本で学校を卒業してから海外の学校で勉強したい、旅行で世界中を回ってみたい、

あるいは車を買いたい、研究所を作りたい、もしかしたら、まだ何をしたいか決まっていないけれど、将来のためにお金を増やしておきたいという人もいるかもしれない。

多くの人が「ためる」と「ふやす」を混同している。貯めるというのは、貯金箱の中にお金を入れていくことだ。例えば、今月、ピギーちゃんの「ためる」の部屋に500円入れる。来月も500円入れる。再来月も500円入れる。そうすると1500円になっている。確かにお金は貯まって、金額は増えている。けれども、入れたお金が「育って」いるわけではない。500円は500円のままで貯まっているだけだ。「ふえる」というのは、500円が550円になり、600円になるというように育っていくことだ。

銀行に預金をすれば、少しだけれども利子がついてくるので、お金は少しだけ育つ。これをもっと強力に大きくしようというのが、「ふやす」、つまり、「投資する」ということだ。ピギーちゃんの「ふやす」の部屋がいっぱいになったら、そのお金を投資してみよう。では、お金を増やすためにはどうしたら良いだろう。ここで一番大切なことを、もう一度思い出して欲しい。それは、お金は感謝のしるしだということだ。

自分がずっと将来のために増やしたいお金は、今すぐ必要なお金ではない。でも、世の中には今、お金を必要としている人もいる。そういう人にお金を使わせてあげる。難しい言葉で言えば、お金を融《ゆう》通してあげるということだ。お金を融《ゆう》通するから金融《ゆう》という。

この図表3―8を見てごらん。君たちは、将来のためにお金を増やしたいと思っている。

図表３－８

3. ふやす(INVEST、投資)
いま、おカネを必要とする人におカネを使わせてあげることを「投資」という
おカネを活用して良い世の中創りをする
Thank you!
世の中から受けた感謝のしるし＝おカネの一部を返してくれる

絵：ムムリク。

一方で、いますぐお金を必要としている人もいる。この人は自分でビジネスを始めて、世の中の役に立つ仕事をしたいと思っている。でも、十分にお金がないから、それができないでいる。そこで君たちは、将来のためのお金をこの人に使わせてあげる。その人は、いろいろな人から預かったお金を使って、ビジネスの種をまいて一生懸《けん》命育てる。毎日、陽に当てて、水をまいて、肥料をやって、雑草を取り除いて、努力を続けていく。そのビジネスが本当に世の中のためになる仕事であれば、みんなから感謝をされて、その感謝のしるしとしてビジネスにお金がたくさん集まってくる。

小さな種が大きなビジネスの木になって、そこにお金という実がたくさんなる。そして、そのお金の一部が、ずっと将来の君たちのもとに戻《もど》ってくる。でも、それには長い時間がかかる。こうしてお金は、長い時間をかけて増えていく。もちろん、どういう人にお金を使わせてあげるか、それを判断するのはとても大切なことだ（図表3—8）。

日本にはたくさんの大きな企《き》業がある。君たちはどんな会社を知っているだろう。例えば、トヨタ自動車とか、パナソニックとか、任天堂とか、いろいろな会社があるよね。そういう会社もみんな、最初はこのようにしてお金を集めてビジネスを大きくしていった。そして、だんだん大きく育っていった結果、今のような会社になっているんだ。もちろん、トヨタ自動車のように巨大になると、君たちだけのお金ではとても足りない。世の中の非常に多くの人からお金を集めて、そしてそのお金で自動車の工場を作り、生産を拡大して、世界中にトヨタの自動車を売っている。良い製品を提供することで、みんなから喜ばれて、利益がその会社に集まる。そして、その集まったお金の一部が、あとになってお金を出した人のもとに戻《もど》ってくる。君たちの分身のお金が世の中で働いて、大きく育って戻《もど》ってくるイメージだね。

お金を使わせてくれたことに対する感謝の気持ちで、大きく育って戻《もど》ってくる。

ここで大切なことは、君たちが出したお金で、会社は工場を作ったり、販売網を拡大したりする。君たちのお金がその目的で使われているということは、君たちがその会社の一部分を持っているということになる。つまり、会社の所有者、オーナーになるということだ。そして会社全体が大きくなるにつれて、その一部分も大きくなっていく。つまり、その一部分の価値も増えていく。「この一部分を持っていますよ」という証明をするものが「株式」というものだ。だから、会社にお金を使ってもらっている人は株式を持っている人、つまり株主になっているのだ。もっとも、いまは株式という書類はなく、コンピューターの中に記録されているだけだけどね。

会社のオーナーである株主が多くなると、当然、その中には、どうしても今、お金が急に必要になる人もいるだろう。例えば、家を買うことになって頭金がいるとかね。また、最初はその会社にお金を出していなかったけれども、ぜひ自分もお金を出してその会社のオーナーになりたいと思う人も出てくるだろう。つまり、株主だけど株式を売りたい人もいれば、いまは株主ではないけれど株式を買いたい人もいるはずだ。そういう人たちが簡単に取引できるように、株式市場という便利な場が作られている。

図表3—9の絵を見てみよう。世の中には、いろいろな会社の株式を買いたい人と売りたい人がたくさんいる。また、別の会社の株式を売りたい人、買いたい人もたくさんいる。君たちがある会社の株式を買いたいと思ったら、どうしたらいいだろう。毎日、駅の前に立って、「私はABCという会社の株式を買いたいんです。誰か売ってくれませんか」と声をかけるのはどうだろう。でも、とてもそれではうまく相手が見つからない。

そこで、取引がもっと簡単にできるようにするために、証券会社が存在するのだ。私が最

図表3－9

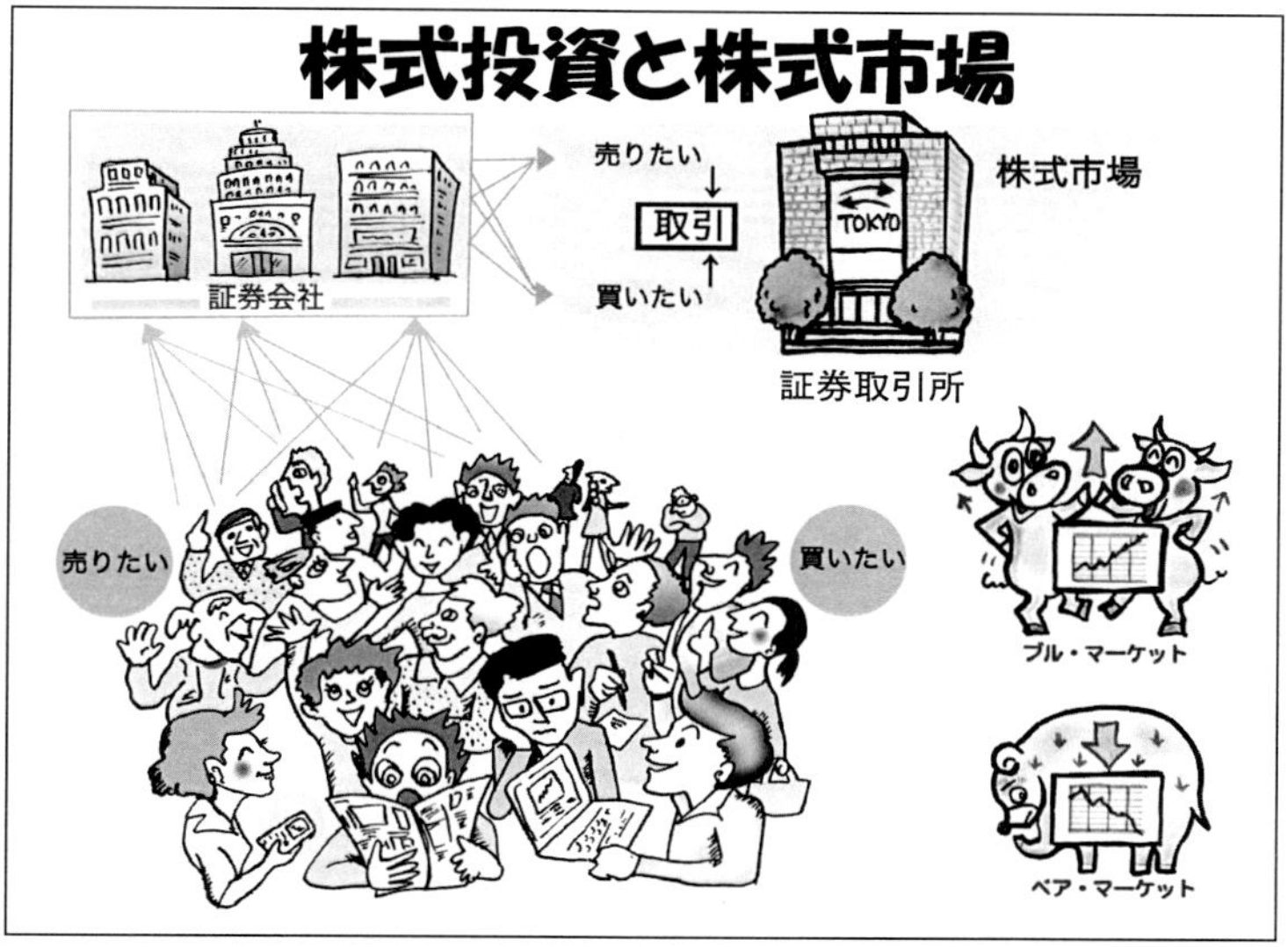

絵：ムムリク。

初に就職したのも証券会社だった。君たちの近くの駅のそばにも、証券会社の看板を見たことがあるかもしれないね。日本中の証券会社に、たくさんの売りたい人、買いたい人が自分の注文を出す。たくさんの証券会社に、いろいろな注文が大量に集まる。証券会社は、証券取引所の中にある株式市場にすべての注文を出す。そうすると、そこで、いろいろな証券会社から来た、売りたい人の注文と買いたい人の注文がうまく出会うことになる。そして、取引は成立する。このようにして、お金が必要なときには株式を売ることができる。また、株式を買いたいときには買うことができる。このように取引の場所が出来上がっている。これが株式市場というものだ（図表3—9）。

もし、たくさんの人がいろいろな会社の株式を「買いたい」、「買いたい」と思っていると、当然、その株式の値段が上がっていく。高くても買いたいと思う人が多くなれば、当然のことだ。株式市場で多くの会社の株式がどんどん値上がりしていく時を「ブル・マーケット」という。ブルというのは、雄《おす》の牛だ。なぜ値段が上がると、雄《おす》の牛かというと、雄《おす》の牛には角がある。そして雄牛《おうし》は戦うときに、その角を下から上に突《つ》き上げる。その突《つ》き上げる様子が、株式市場でいろいろな株式の値段が上昇《しょう》するときのイメージに似ているということで、ブル・マーケットといわれている。

反対に、景気が悪くて、みんなが「株式を売りたい」と思ったときには、株式市場全体の値段が下がっていく。そういう状態を「ベア・マーケット」という。ベア、つまり、熊《くま》だ。熊《くま》はけんかをするときに、2本の足で立って前足を上から下に降りおろして戦う。それがちょうど、株式市場で多くの会社の株式の値段が下がっていくときに似ているというので、ベア・マーケットと呼ばれている。

投資という言葉は普通《ふ》、お金についていわれている。でも、それはお金でなくても良い。例えば、君たちは今、学生として勉強をしている。勉強をして知識を「ふやす」というのも立派な投資だ。今は、勉強をすることは少し苦しいかもしれない。でも、知識を増やせば、社会に出てからその知識を使って大きな利益を得ることもできる。これも立派な投資だ。前に「君たちの中には宝石の原石が眠《ねむ》っている、そしていろいろな教科を勉強することでその原石を発見し、それを磨《みが》いて素晴らしい宝石にする」ということを言ったね。まさに、勉強はそのためにやっていること、保護者の方のためや、先生のためにしているのではない。将来の君たち自身のために知識を増やすということは、今、君たちができる一番効果的な投資なんだ。

もう1つ、「ふやす」で大切なのは、友だちを増やすということだ。仲の良い友だちが周りにたくさんいると、それだけでとてもうれしい笑顔になれる。苦しい時にも助け合える。また、人が苦しんでいる時に、助けてあげることもできる。将来、君たちがプロとして仕事を始めた時に、友だちが助けてくれることにもなるかもしれない。仲間がたくさんいるというのは、とてもありがたいことだ。最近は絆《きずな》という言葉が流行っているけれども、まさに友だちの絆《きずな》をたくさん作っておく、友だちのネットワークをできるだけ広げておく、これが今の君たちができる大切な投資の1つだ。

大きく増やそう、インベスト。ずっと将来のために、お金にも働いてもらう。そして、お金を増やすだけではなくて、将来、プロとして活躍《やく》し、収入を得るために、今、知識や経験を増やしておく。勉強も投資だし、お互《たが》いに助け合える友だちの輪を増やすということも立派な投資だ。

大きくふやそう、INVEST!

●お金をふやす

✓ずっと将来のために、お金を世の中のために役立てる

✓お金にも働いてもらう

●知識や経験をふやす

✓将来、プロとして活躍《やく》し収入をえる

●友だちをふやす

✓お互いに助け合える仲間を広げる

意識の時間と空間を広げる

ハッピー・マネー四分法の復習を、図表3―10でしておこう。まず「つかう」ということ。お金を使ったとき、誰が喜ぶかな。それは今の自分だ。欲しいものを手に入れることは、今の自分にとって嬉《うれ》しいことだ。では、「ためる」によって喜びを得るのは誰だろう。それは今の自分ではなくて、少し先の自分だ。今、小さながまんをしていくことによって、それを

図表３－10

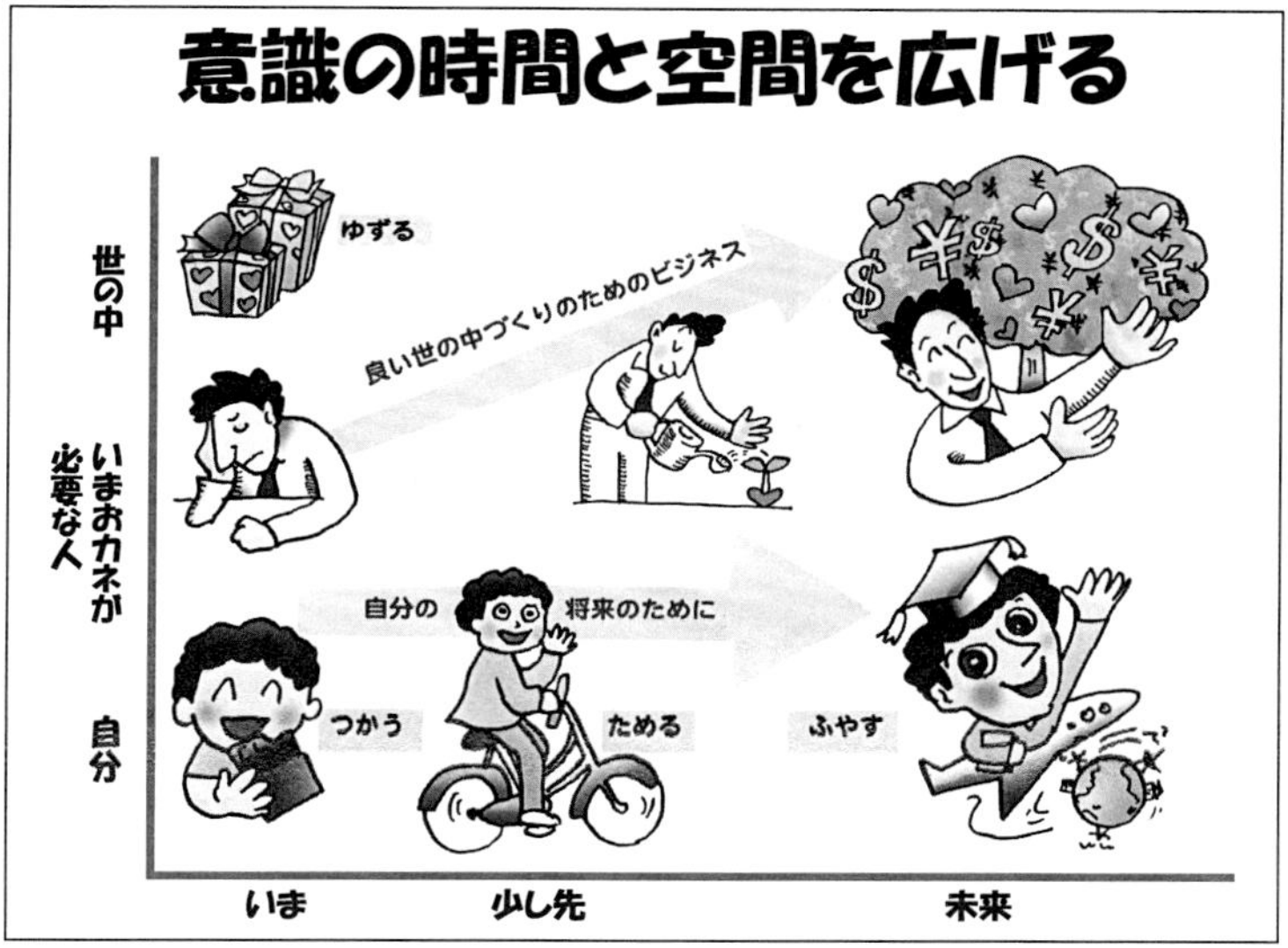

絵：ムムリク。

少し先の大きな喜びに変える。これが「ためる」ということだ。それでは、「ゆずる」というのはどういうことだろう。これは自分が喜ぶのではなくて、周りで、いま困っている人、いま苦しんでいる人たちに喜んでもらえることをする。そして、他人の笑顔が自分の笑顔として返ってくる。自分も笑顔になれるという効果がある。

４つ目の「ふやす」とはどんなことだろう。お金を増やすためにはどうしたらいいだろう。お金は感謝のしるしだ。増やしたいお金は、今すぐ必要とするお金ではない。だから、それを今、お金を必要としている人に使わせてあげる。その人はまず

「お金を使わせてもらってありがたい」と感謝する。そして、その人がビジネスの木を大きく育て、世の中のためになることをする。社会全体が喜ぶことをする。みんなから感謝され、集まってきたお金の一部がずっと将来の君たちのもとに戻《もど》ってくる。つまり、最終的に喜ぶのは、ずっと将来の君たちだ。

ハッピー・マネー四分法の「つかう」、「ためる」、「ゆずる」、「ふやす」ということを考えていくと、「今・自分」という小さな壺《つぼ》の中から、君たちの意識が外に向かって広がっていくのがわかるだろう。今だけではなく、少し先、ずっと将来。また、自分だけではなくて、今お金が必要な人、さらに、世の中の困っている人、苦しんでいる人、そして、世の中全体へとお金を通じて君たちの意識が広がっていく。これがハッピー・マネー四分法の効果だ。

ハッピー・マネー・ソング

ハッピー・マネー四分法のポイントをまとめたハッピー・マネー・ソングを、Labi さんが作詞・作曲してくれた。歌っているのは、シンガー・ソング・ライターのカツルミさんとLabi さんたちだ。ハッピー・マネー四分法で一番大切なポイントはもうわかると思う。「お金は感謝のしるし」ということだ。心を込《こ》めて、みんなに「ありがとう」と言おう。そうすると喜びをみんなで分け合うことになる。そして、その気持ちでまわりのみんなにも笑顔が広がっていく。

ハッピー・マネー四分法については説明した通りだ。君たちの意識を「今・自分」という小さな壷《つぼ》からひっぱりだして、少し先のこと、ずっと先のこと、まわりの人のこと、困っている人のこと、世の中のことまで広げていく。コツコツお金を「ためる」、だいじに「つかう」、ずっと将来のために大きく「ふやす」、そして人にもお金や、笑顔、気持ちを「ゆずる」。これがハッピー・マネー四分法だ。

このような内容を、Labiさんが歌詞にしてくれた。君たちの家のスマートフォンやパソコンから、この歌はダウンロードできる。歌をよく覚えて、歌詞を考えて欲しい。歌を覚えたら、カラオケバージョンをダウンロードしてはどうかな。みんなでハッピー・マネー四分法のことを考えながら、この歌を歌ってもらえたらとても嬉《うれ》しい。

良いニュースがある。この本を読んでくれている君たちは、ハッピー・マネー・ソング（歌入りとカラオケバージョン）を無料でダウンロードできる。次のホームページからIDとパスワードを入れれば、音源と歌詞、楽譜《ふ》を入手できる。多くの人にこの歌を覚えてもらいたいものだ。

ホームページ：http://www.i-owa.com/happy-money/song/
ID：happy-money
パスワード：song

D G A D G A D
mo-ney ha-ppy mo-ney mo-ney ha-ppy mo-ney mo-ney ha-ppy
G
G A D
mo-ney コツコツためよう save save!! だいじにつかおーーーs-
Em7 A7 D F#7 Bm G D G A
pen-d spend おおきくふやそう in- ve-st そしてひとにもゆずろ
H
D A D G A D
う do-na-te ha-ppy ha- ppy ha-ppy mo-ney-ー ha-ppy ha- ppy
G A D D G A D
ha-ppy mo ne- y ha-ppy ha- ppy ha-ppy mo-ney-ー ha-ppy ha- ppy
I
G A D D G A D G A
ha-ppy mo ne- y mo-ney ha-ppy mo-ney mo-ney ha-ppy mo-ney
D G A D G A
mo-ney ha-ppy mo-ney mo-ney ha-ppy mo-ney
J
D F#7 Bm A G#° D G A
よろこびわけあーうそのきもーちでみんなのえがーおひろがっていくんだ
D B7 G A B♭ C D
ーーしあわせーーひろがっていくんだー
Fu!!

HAPPY MONEY SONG

ハッピー・マネー・ソング

作詞・作曲：Labi

よろこびわけあう　そのきもちで
みんなのえがお　ひろがっていくんだ
（A）× 2
おかねはかんしゃのしるしです
こころをこめて　ありがとう
よろこびわけあう　そのきもちで
みんなのえがお　ひろがっていくんだ
(B)× 2，（A）× 2
コツコツためよう　セイブ（Save）！
だいじにつかおう　スペンド（Spend）！
大きくふやそう　インベスト（Invest）！
そして人にもゆずろう　ドネイト（Donate）！
(B)× 2，（A）× 2
よろこびわけあう　そのきもちで
みんなのえがお　ひろがっていくんだ
しあわせ　ひろがっていくんだ（fuー！）

（A）マネー，ハッピー，マネー（Money, Happy Money）
　　マネー，ハッピー，マネー（Money, Happy Money）
（B）ハッピー，ハッピー，ハッピー・マネー
　　（Happy, Happy, Happy Money）
　　ハッピー，ハッピー，ハッピー・マネー
　　（Happy, Happy, Happy Money）

歌：Katsurumi, Labi
コーラス：Mariko, Hibiki, Mako & Kaz
Co-producer：Labi
Executive Producer：Kaz Okamoto

この章の復習

- 君たちのハッピー・マネー四分法を下図に書いてごらん
- 「ためる」と「ふやす」はどう違《ちが》うか
- 株式ってなんだろう

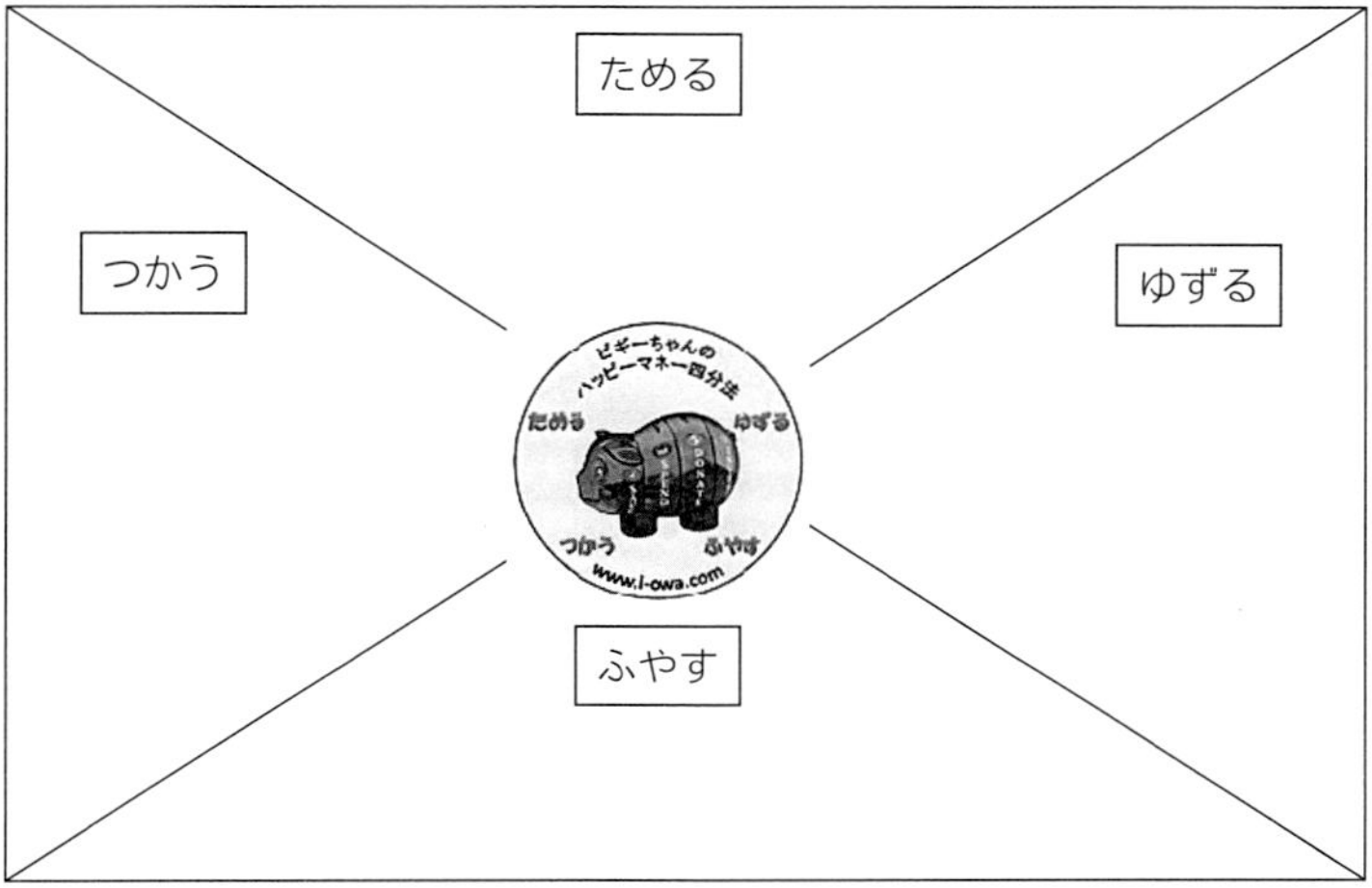

第4章 もっと知りたいお金のこと

お金の働き

お金は感謝のしるしだ。自分が必要としているもの、欲しいものを得ることができて感謝をしているから、大切なお金を相手に「ありがとう」という気持ちと一緒にわたす。こうして、お金と感謝は手に手をとって世の中を巡っている。では、どうして単なる紙切れのお札や、小さな金属のかたまりのコインをみんなが喜んで受け取ってくれるのだろう。それは、国というみんなが信用している存在が、「これはお金ですよ」と保証してくれているからだ。なぜ、そのようなことが可能なのかは、お金の歴史ですでに話したね。

ところで、お金には3つの働きがある。まず、交換の手段、二番目が価値を計る基準、最後が価値を貯める手段だ（図表4―1）。

交換の手段はすぐわかると思う。お金の歴史のところで説明したように、物々交換がお金

図表4－1

お金の3つの働き

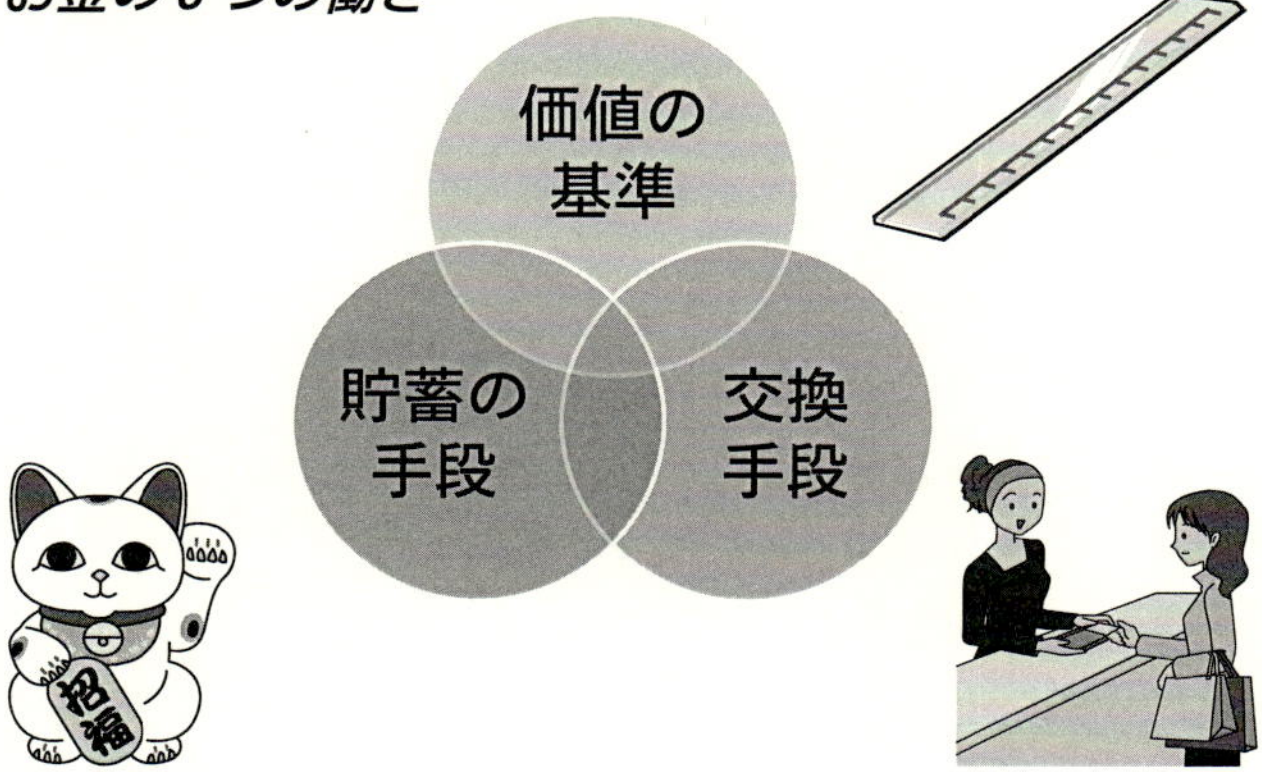

を仲介させることによってすごく便利になった。どんなものでもお金に交換しておけば、必要な時に、必要なものと交換できる。これによって人々の生活はとても楽になった。

お金は価値を計る基準でもある。物々交換では、魚とリンゴ、お芋と卵というようにそれぞれ、その時、必要に応じて交換をしていた。でも、お金ができたことで、魚、リンゴ、お芋、卵、それぞれに値段がついた。そして、同じ値段同士の物を交換できるようになった。これでお金を使う取引はさらに拡大した。

布や釣り針は、時間がたってもそれほど悪くはならない。でも、山でけものを獲っている人だったら釣り針はいらない。布だって、着るものが一応そろえば、いつも必要ではない。確かに食べ物は、いつも誰でも必要だ。しかし、食べ物は腐ってしまう。値段の高いものを物々交換するためにリンゴをたくさん貯めておいても、リンゴは古くなれば腐ってしまう。でも、お金にしておけば腐ってしまうことはない。お金に交換しておいて、それを貯めて大きな金額のものと交換すればよい。

このように、お金には3つの働きがある。お金のこのような働きによって、私たちの生活はとても便利になった。お金って、人類最高の発明の1つかもしれない。でも、その根底には、お金をお金として成り立たせている「信用」というものがあることを忘れないで欲しい。みんなが国を信用して、お互いを信用しているからお金が流通しているのだ。

日銀の仕事

お金は、遠くの人や会社に送ったり、銀行などに貯金したり、必要なときに借りたりすることができる。私たちの生活は、お金が世の中を巡っていることで成り立っている。お金がきちんと流通する体制ができている。これを金融システムという。ちょうど、私たちの体を経済にたとえると、お金は血液のようなもの。血液が循環しているから、栄養が全身に行きわたり私たちは生きていられるのと同じで、金融システムが正常に働いているから経済がうまく成り立っているんだ。金融システムがうまくいくように働いてくれているのが日本銀行だ。普通、略して日銀と呼ばれている。日銀がどうしてできたかはすでに話したね。

日銀の役割は「みんなが安心してお金を使えるように、金融システムを維持する」ということだ。その仕事は大きく分けて3つある。

一番目が、日本のお札を発行するという仕事だ。お札をよく見てごらん。「日本銀行券」と書いてあるだろう。これは「日銀が発行しているお金だから、安心して使って大丈夫ですよ」ということを示している。お金をいくら持っていても、物の値段がどんどん上がるとお金で買える物は減ってしまう。つまり、物の値段が上がると、お金の価値が少なくなってしまう。そこで日銀の二番目の仕事は、物価を安定させるということになる。経済や景気の動きをしっかり分析して、発行しているお金の量を調節したり、金利を調整したりすることで物価が安定しているようにする。そして最後が、金融システムの安定という仕事だ。お金が世の中を問題なく流通できるように、お金の流れの仕組みをきちんと維持することも日銀の大切な役割なんだ。

日銀と普通の銀行ってどう違う？

君たちの町にも銀行があるだろう。町にたくさんある銀行と日銀って、どう違うかまとめておこう。まず最初は、日銀が日本で唯一の発券銀行であるということ。発券銀行、つまり、お札を発行できる銀行だ。普通の銀行は、勝手にお金を印刷することは許されない。日銀だけができるのがこの仕事だ。次に、日銀は銀行の銀行であるということ。日銀には銀行の口座があって、その口座を通して銀行がお金を日銀に預けたり、日銀から借りたりしている。また、ある銀行が別の銀行に送金するときも、日銀を通じて行う。そして、三番目の違いが、日銀は国のお金を取り扱っている窓口であるということ。国民から集めた税金も、日銀にある国の口座に入るし、道路や鉄道などを建設する公共投資の支払いも、この口座から行われる。年金の支払いや国の借金である国債に関するお金の動きも、日銀を通して行われる。日銀がいかに大切な仕事をしているかわかるね。

銀行の仕事

金融市場は、短期金融市場と長期金融市場に分かれる。短期金融市場とは比較的短い期間の資金を対象とする市場で、銀行がそこでは大きな役割を担っている。一方、会社が工場を建設するというような場合には、かなり長期的な資金が必要だ。そのような資金を集める場として証券市場があり、その主な担い手は証券会社だ。証券市場については後で解説しよう。まず、日銀以外の普通の銀行の仕事について話しておこう。お金を銀行に預けると、利子がつく。今は金利が低いので、あまり大きな金額の利子はつかないかもしれないが、お金は「使わない」で我慢をしていれば貯まる。貯まったお金は、机の引き出しに入れておくとそのままだ。しかし、銀行に預けると少しであっても増えていく。それは銀行が利息を払ってくれるからだ。どうして銀行は、利息というものを払ってくれるのだろう。それは、君たちが預けたお金が銀行によって活用されるからだ。

銀行には、君たちや他の人たちの預金がたくさん集まる。一方、世の中には、お金を必要としている会社や人がたくさんいる。事業をもっと拡大したいためにお金が必要な会社もあるだろう。住宅を買いたいために住宅ローンを借りなければならない人もいる。銀行は、たくさんの人から預かったお金を、それらの会社や人々に貸し出す。それらの会社や人々は、必要なお金を貸してもらえるのでとてもありがたい。そこで、感謝のしるしとしてお金を払う。それが利子だ。銀行が受け取った利子の一部が、君たちの預金口座に利息として支払われる。ところで利子と利息はどう違うのだろうか。借りたときに払うのが利子、貸した場合に受け取るものを利息ということもあるが、基本的には同じと考えてよい。銀行預金では普通、利息と呼ぶことが多いようだ。

銀行がお金を貸す時は、毎年いくらずつ金利を払い、そして、その貸したお金をいつ返してくれるのかを前もって約束しておく。借りた人は、必ずその約束を果たさなければいけない。万一、利息が払えなかったり、借りたお金を返せなかったりすると、その人の信用はなくなり大変なことになってしまう。会社の場合は倒産することもある。銀行はたくさんの会社や人にお金を貸している。万一、お金を返せない人がでてきても、それはたくさんの貸付先のうちの一部だけなので、銀行にとって普通は大きな損害にはならない。だから、銀行に預けたお金は安全だと言っても良い。その点で、銀行に君たちが預けたお金はまず安心と考えられる。

預金には普通預金と定期預金がある。普通預金は、いつでも預けられ、いつでも引き出せるタイプの預金だ。一方、定期預金は、いつでも預けられるが、普通預金と違うのは満期があるということだ。満期というのはお金が引き出せるまでの期間のことで、1カ月、3カ月、6カ月、1年、2年、3年、5年などがあり、最長10年もある。つまり、その時期がくるまではお金が引き出せないのだ。

時期がくるまでお金を引き出せないというのは、君たちにとってもちょっと困ることかもしれない。例えば1年間の定期預金にしたけれど、3カ月目にどうしても買いたいものが出てきた。でも、お金は引き出せない。逆にいうと、長い間、引き出せないのであれば、その不便さを打ち消すようなメリットがなければならない。それが、いつでも引き出せる普通預金よりも少し高い金利だ。その結果、普通預金の金利は非常に低く、定期預金は満期が先になるほど金利は高くなるのが普通だ。

金利ってなに？

金利という言葉はしょっちゅう聞いていると思うが、ここで少しきちんとおさらいしておこう。金利というのは一口にいえば、お金を借りたときに支払うレンタル料のようなものだ。ビデオのレンタル料は金額で表示される。でも、金利は普通、パーセントで示される。貸し借りをするお金の金額を元本という。金利は、利子の元本に対する比率で示される。つまり、「利子÷元本＝金利」というわけだ。例えば、1万円を借りて、利子として500円払う場合は、金利は5％ということになる。

ビデオのレンタル料も、長い間借りるときには高くなるね。お金も同じ。金利は、どのぐらいの期間、借りるかという条件によってレンタル料が変わってくる。普通の経済情勢のときは、長く借りるほど金利は高くなる。なぜなら、すぐ返してもらえるなら安心だけど、1年、5年と長くなるにつれて、本当に返してもらえるか不安になる。第一、貸している人はその間、お金が使えないからね。当然、金利もその不便さや不安に釣り合うぐらい高くないと、お金を貸したくないということになる。

ビデオは、誰が借りるときでもレンタル料は同じだ。まあ、時々、シニア割引などということもあるけれどね。君の友だちには100円、君には80円というような違いはない。ところが、お金の場合は、借りる人の信用の度合いで金利が変わってくる。この人は必ず期日にお金を返してくれるという信用があれば、例えば、3カ月、5％で貸してもいいと思うかもしれない。でも、「この人、ちょっと信用できないところもある」というのであれば、同じ3カ月でも10％は払ってくれなければ貸したくないと思うだろう。要するに、不安が大きいほど金利も高くなければ貸せないということだ。

お金を借りている期間が長い場合、金利は最後にまとめて支払うのではなく、例えば毎月、半年ごと、1年ごとというように定期的に支払う。そして、返済の期限が来た時には、最後の利子と元本を返すことになる。金利は貸し借りの期間によって異なるので、正しく比較するためにふつう1年当たりの金利に換算して表示される。

金利は、その時の経済情勢で変動する。例えば、みんながお金を借りたい、でも、世の中に出回っているお金が少ない場合には金利は高くなる。つまり、お金を借りる人は金利が高くても借りたいし、貸す側も金利が高くなければ貸したくないというわけだ。反対に、お金を借りたい人が少なくて、世の中にお金がたくさん流通しているようなときは金利が低くなる。

同じ銀行預金でも、金利は少しずつ銀行によって違う。インターネットなどで調べてみると、銀行ごとの金利の比較なども出ている。また、時々、預金の金利が変動することもある。金利に対して意識を向けるということは、お金の勉強でとても大切なことだ。

複利は「福」利

世の中にお金がたくさん出回っていて、お金を借りたいと思う人が少ないときは金利が低くなる。反対にお金の量が少なく、みんながお金を借りたいと思うときは金利が高い。いまは利子が非常に低い。つまり、お金はたくさん流通していても、お金を借りたい人があまりいない。だから、お金を借りる時に支払う利子もすごく小さくなってしまっている。金利は、お金の量や景気の状態によって変動している。

本当はいまの金利はこれよりもずっと低いけれど、わかりやすく年5％だとしよう。君が銀行に1万円を1年間預けると、金利としてその5％、つまり500円をもらえる。ここで君は2つの選択肢がある。1つは、この500円で何か欲しいものを買ってしまうということ。そして、翌年も同じ金利なら、また500円をもらえる。もう1つの選択肢は、もらった500円を使わないでそのお金も預金する。その場合、次の年には、いままで預金をしていた1万円に500円を足した、10500円が5％を稼いでくれることになる。つまり、君が受け取るのは525円となる。さらに次の年も利子を預金すれば、元本は10500円に525円を加えた11025円になる。そうすると11025円が5％、551円を稼いでくれる。最初の例では、もらえる金利がずっと500円だ。これを「単利」という。後半の例ではもらう金利がだんだん増えていく。これを複利という。こうして、時間がたつほどに単利と複利でもらえる金額に大きな差がつく。まさに複利は「福」利なんだ。

ここで、複利の効果がよくわかるちょっと面白いことを教えておこう。それは「72の法則」というとても便利な数式だ。この法則を理解すると、複利がいかに有利かを理解できる。どういう法則かというと、金利と年数を掛けた答えが72になる組み合わせで、最初のお金が倍になるというものだ。式で書くとこうなる。

金利×年数＝72

例えば毎年2％の金利がもらえるとして、それを使ってしまわないで、複利で1年間の定期預金を36年続けると、1万円が約2万円になる。もし、3％だったら24年、4％だったら18年、6％だったら12年といった具合だ。

複利の効果を知ることができる2つの話を紹介しよう。

●1627年、オランダの西インド会社は、現在のニューヨークのマンハッタン島を、原住民だったネイティブ・アメリカンから24ドルで買い取った。もし、ネイティブ・アメリカンが複利の効果を知っていて、その後、387年間、年5％で複利運用していたら、その価値は38億ドルになっている。でも単利で運用していたら、743ドルにしかなっていない。

●徳川家康が1600年に100万両を年1％で預金したとすると、現在、6000万両以上になっている。単利で運用していたら413両のみだ。

●1年物の定期預金の金利が、年0・25％だとしよう。そうするとお金が倍になるのには、72を0・25で割った288年かかることになる。つまり、八代将軍、徳川吉宗が活躍していたころに預けたお金がようやく今、倍になっているということになる。

相対性理論で有名なアインシュタインも、「複利は人類最大の発明の1つだ」と言ったと伝えられている。

お金に関するよくある質問

私が中学や高校で授業をするときによく聞かれる質問と答えを紹介しておこう。

Q　この日本に存在するお金の金額、どこにそんな大量のお金があるのですか？　お金は、いまどれぐらい作られているのですか？

A　お金にはお札（紙幣）と硬貨の2種類がある。これらは違うところが発行している。紙幣は日本銀行、硬貨は日本政府が発行しているのだ。お札の流通量は90兆円ぐらいだ。また、硬貨は合計4〜5兆円ぐらい流通している。このお金が幅広く世の中で流通している。古くなったお札は日本銀行が回収して、ピン札と交換する。だからお金は毎年、印刷されているが、全体としての量はそんなに変わっていない。

Q　お札は、年間どのくらい作られているのでしょうか？

A　経済活動がスムーズにできるよう、財務省が製造するお札の枚数を決めている。2015年度には、約13・6兆円に相当する30億枚のお札が製造される予定だ。

Q　お札はどこでつくられるんですか？

A　お札を物理的に作っているのは独立行政法人造幣局・国立印刷局というところだ。そこで作られたお金は日本銀行に収められ、そこから正式のお金として世の中に出回っていく。お札の場合、1000円札でも1万円札でもコストはそんなに違いはない。材料は紙とインクだからね。公表はされていないが、これらのコストは1円にも満たないのではないかといわれている。

Q　1000円札などの肖像画は、誰が決めているのですか？　お札の人はどうやって選ぶのですか？

A　日銀法という法律で財務大臣が決めている。もちろん、財務大臣は日銀や財務省、お金を印刷する国立印刷局と相談して決める。

Q　昭和64年のお金は本当にありますか？

A　昭和64年は7日間だけだったからね。お札には年号が書いていないので硬貨について調べてみたが、50円玉と100円玉はまったく生産されなかったそうだ。そのほかの硬貨は結構、生産されているので、それほど希少価値はないようだ。

Q　1円をつくるのに22円かかるって本当ですか？

A　22円はかからないと思うけど、1円以上ではあるようだ。これも公表されていない。しかし、1円玉だけではなく、すべての硬貨はアルミとか、銅とか、その素材の価値で取引されているのではない。「これは1円とか、10円、500円などの価値があり、その値段の品物と交換できますよ」という国の信用があるから取引に使われているので、コストがいくらというのはあまり関係がない。

Q　お金を稼いで何に使うつもりですか？　お金を稼ぐ意味はなんですか？

A　私のところに来たお金は、世間さまからの預かり物だと考えている。だから、自分1人のためだけに使うのは間違っている。少しでも良い社会になるように、お金を使ってご恩返しをしていきたいと思っている。お金はなければみじめだ。チャップリンという有名な映画監督で俳優だった人は「人生で大切なのは、勇気と希望とサム・マネーだ」と映画の中で言っている。サム・マネー、つまり、「ある程度のお金」。それ以上のお金が自分のところに来たら、それは社会にお返しするのが正しいのだ。世界で有数のお金持ちのビル・ゲイツさんや投資家のウォレン・バフェットさんたちは、財産のほとんどを寄付している。このように、お金を社会貢献のために使ってくれる大金持ちがたくさん増えるのは、社会のためにとても良いことだ。

この章の復習

- お金の3つの働きについて説明しなさい
- 日銀の主な仕事とはなにか
- 1万円を、2%の金利が付く1年物定期預金に預けた。金利が一定だとして、金利も元本に加える複利で毎年預けなおすとすると、何年で元本は2万円になるか。「72の法則」で考えてみよう

第5章

もっと知りたい経済のこと

経済の「きほんのき」

長い人類の歴史で、ずっと続いている真実ってなんだろう。いろいろと考えられるけれど、その1つは「人間の欲求は限りがないけれど、人間が作れる物には限りがある」ということだ。なぜ限りがあるのかといえば、物を作るための資源に限りがあるからだ。言い換えれば、すべての人の欲求を完全に満たすことはできないということになる。これが経済の「きほんのき」で、これを難しい言葉で「希少性」という。

誰かが自分の欲求を完全に満たそうとすると、誰かがその分、犠牲になる。これが世の中の現実だ。だからこそ、みんながしあわせになるためには「足るを知る、知足」ということが大切なのだ。図表5—1

図表5－1

図表５－２

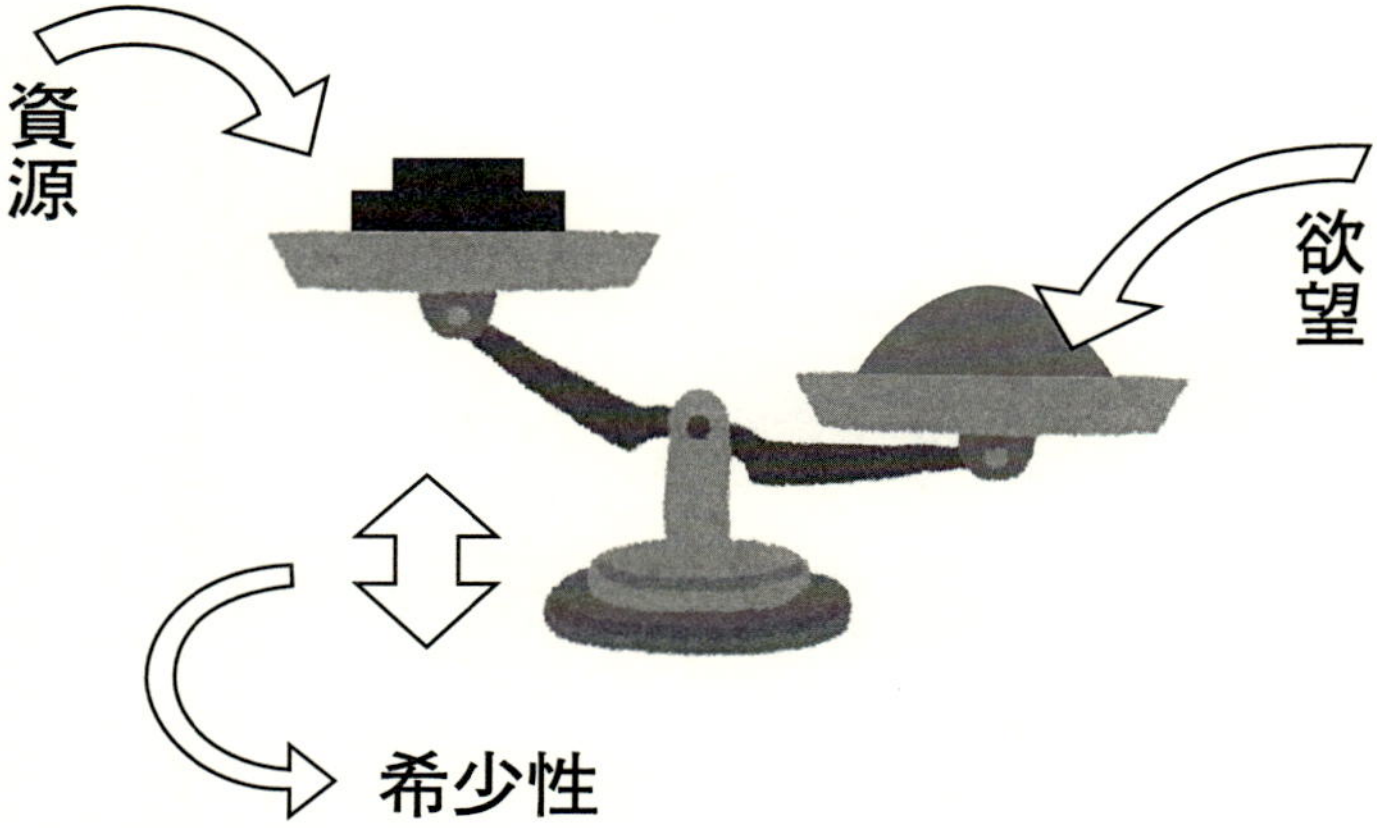

は、京都の龍安寺というお寺にあるつくばいの絵だ。「吾唯足知（われただたるをしる）」という文字の「口」の部分を真ん中にしたデザインだ。日本人は昔からちゃんと、「欲張ってはいけない」ということを知っていたんだね。

経済学では、私たちが必要とする物やサービスを生み出す生産資源は、土地と資本と労働であるといわれている。もっと幅広くいえば、土地などの物の資産、労働や知識、やる気、情報、人間のネットワークなどの人間にかかわる資産、お金、つまり資本、そして、「時は金なり」といわれるように、時間などが何かを生産するときに必要とされる要素だと言える。これらの資源を全部フル活用しても、人類の欲望を満たせないというのが希少性ということだ（図表５－２）。

希少性と不足は違う。不足というのは一時的に何かが足りなくなっていること、希少性というのは絶対的に足りないということだ。何かが不足なのであれば、時間がたてばそれは解消するかもしれない。しかし、希少性は解消されることがない現実だ。

機会費用ということ

希少性という現実があるから、人生は選択の連続になる。いろいろとある選択肢から、選ぶものとあきらめるものを分けなければならない。例えば、君が100円を持ってコンビニに入る。そこで考えるんだね、チョコレートを買おうか、それともドーナツにしようかと。両方とも100円だとしよう。だから両方は買えない。そこで君は、チョコをあきらめてドーナツを選んだとしよう。ドーナツは確かにおいしい。しかし、「う〜ん、やっぱりチョコにすればよかったかな」とも思う。

君は、ドーナツを選んだことでチョコをあきらめた。あきらめたことで、チョコを食べたいという欲望を犠牲にした。チョコのおいしさを得ることができなかった。このように、選択をしなかったことで失うものを「機会費用」と経済学ではいう。チョコを食べる「機会」を失ったので、それは「費用」だと考えるんだね。

「虎穴にいらずんば虎児を得ず」（図表5―3）という格言を聞

図表5―3

いたことがあるだろう。可愛い虎の赤ちゃんを得ようとすれば、恐ろしい親の虎が見張っている虎の家、虎穴に入っていくという選択をしなければならない。恐ろしさという費用を払って、虎の赤ちゃんを得ようとするということだ。「あちらを立てれば、こちらが立たず」ということもいうね。つまり、1つを選べばあきらめなければならないことがある。これを「トレードオフの関係」という。さっきのドーナツとチョコレートの選択もトレードオフの関係にあったということになる。

みんなで力を合わせて効率を上げる

希少性があるから、私たちは物を作るときに、必要な資源を最大限、効率的に使わなければならない。その手段が「分業」、つまり、仕事を分担してみんなで力を合わせて生産をするということだ。何かを作ろうとするときに、最初から最後まで1人の人がこなしていくのは、完成までに時間もかかるし、少量しか生産ができない。しかも、働いている人の負担も非常に大きい。

これを解決するために、仕事の流れをいくつかの部分に分けて、それぞれの人が1つの部分を担当する。そうすると仕事にも早く慣れて、間違いも減るし、全体として効率よく、たくさんの物を安定的に生産できる。結局、みんなで仲良く力を合わせて仕事をした方が、世の中の満足度が上がるということだ。働いている人たちも、より多くの人に感謝されることになって、感謝のしるしのお金、つまり、給料もアップするということになる。つまり、まわりの人とは仲良くした方がみんなにとってもいいし、自分にとっても良いということを分業は教えてくれている。

ニーズとウォンツ

私たちがふだんお金を払って買っているのはなんだろう。1つは物、経済学では「財」という。これは手に触れることができるものだ。もう1つはサービスだ。床屋さんの料金や、電車やバスに乗るときに支払う乗車賃がこれだ。このように、物ではないサービスにも私たちはお金を払っている。少し難しくいえば、財とは有形のもの、サービスとは無形のものというわけだ。

財やサービスを私たちがお金を払って手に入れるとき、それらは大きく2つに分けることができる。それがニーズとウォンツだ。ニーズというのは、私たちが生存するために必要不可欠なものだ。一番、基本的なものは衣食住だ。また、愛情、知識、希望、達成感、コミュニケーションなども、生きていく上で必要なものだからニーズと言ってもいいだろう。一方で、ウォンツはニーズを満たす手段だ。衣食住の「食」はニーズだけど、食物であればラーメンか、牛丼か、ピザか…、そういう判断は生存のために必要なものではなくて、生存できるという前提でどっちが欲しいかという選択だ。だから、ウォンツはニーズよりも具体的なものを指し、そこに選択をする余地が生まれる。そして、選択をするときに直面するのがトレードオフだということになる。

需要と供給

財やサービスを提供する人も、それを買う人も、みんな量と価格の選択をしている。その結果を表すのが需要と供給だ。需要というのは、ある値段でみんなが買いたがっている量のことだ。普通、値段が安くなるほどみんなが買いたい量は増えていく。ふだん100円の板チョコが80円になっていれば買いたくなるよね。大売出しやセールのときは、デパートにも人が殺到するね。

供給とは、ある値段で実際に売れる量や売っても良いと思う量のことをいう。普通、値段が安くなるほど売りたい量は減っていく。値段が安くなれば買う人は喜ぶけれど、売る人は複雑な心境になるよね。チョコレートが100円ならたくさん売りたいけど、80円だとあまり利益も出ないから売りたい量が減るということになる。

財やサービスの値段は、需要と供給で決まる。値段というのは、買いたい人が「この値段

図表5－4

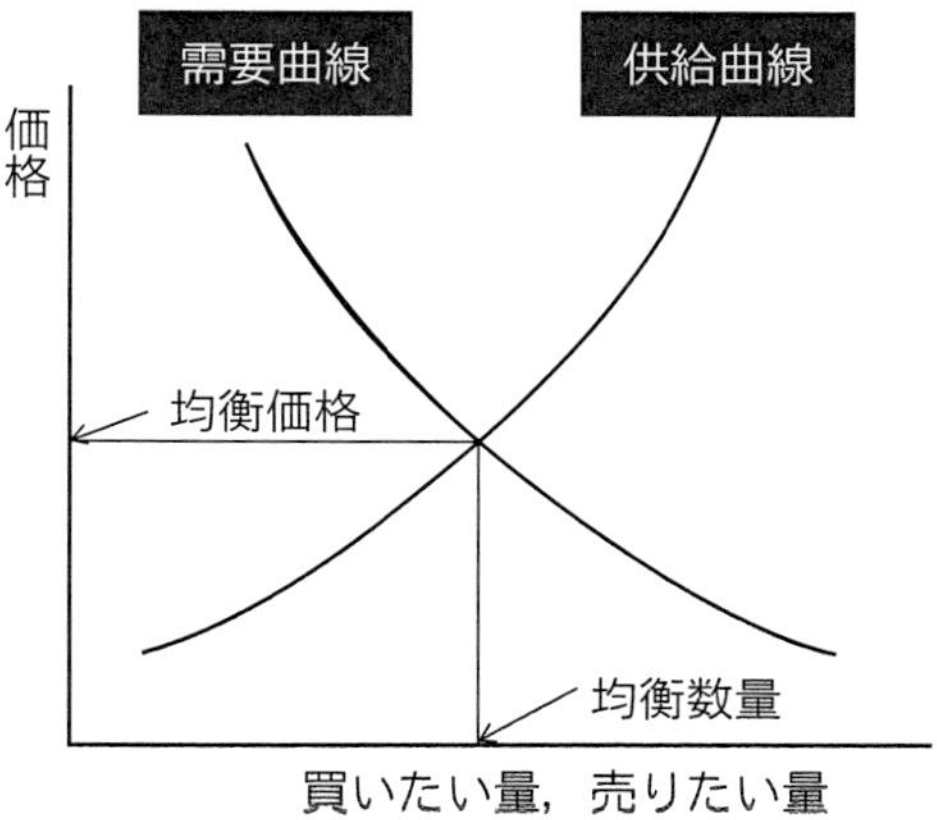

なら買ってもいい」と思う価格と、売りたい人が「この値段なら売ってもいい」と思う価格で決まるということだ。これをグラフで描くと、図表5－4になる。

このグラフは、縦軸に価格、横軸に買いたい量と売りたい量が描かれている。まず、需要曲線を見てごらん。価格が下がるほど買いたい量が増えていくね。でも、供給曲線を見ると売りたい量は減っていく。そして、需要曲線と供給曲線が交わったところで、買いたい量と売りたい量が一致する。この時の価格を均衡価格、量を均衡数量と呼ぶ。多くの財やサービスの値段は、このようにして需要や供給によって決まっている。

国内総生産（ＧＤＰ）ってなに？

テレビや新聞などで、国内総生産とかＧＤＰという言葉を見たり、聞いたりすることが多いだろう。いったい、これってなんだろう。国内総生産はＧＤＰとも呼ばれているが、意味は

図表５－５　国民総生産実質成長率（％）

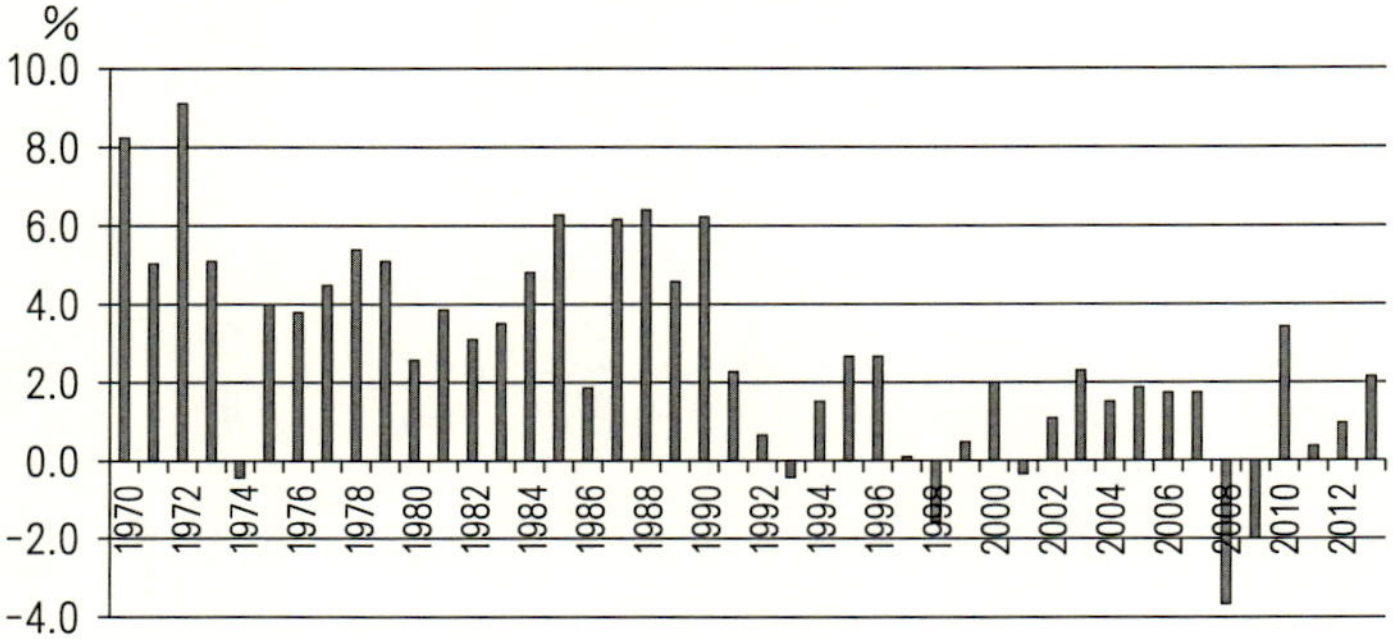

出所：内閣府のデータに基づき著者作成。

同じだ。ＧＤＰとは、日本の国内で、１年間に新しく生みだされた生産物やサービスの金額の総和のことだ。２０１３年度のＧＤＰは約４８１兆円で、アメリカ、中国に次いで世界で３番目の大きさだった。

同じだけの量が生産されていても、財やサービスの値段が上がっていれば、お金で表した生産金額も上昇する。逆に値段が下がれば減少してしまう。そこで値段の変動で生じるＧＤＰの増減を修正したものを、実質ＧＤＰという。反対に、物価変動を含むＧＤＰの金額は、名目ＧＤＰと呼ばれている。普通、景気がいいとか悪いという判断には、実質ＧＤＰの変化率が重要な基準になる。

図表５－５のグラフを見ても、１９９０年代に入ってから日本の成長率が低水準になっているのが良くわかる。２０１２年から、積極的に成長率をもう少し高めようという努力を政府がしているのは聞いたことがあるだろう。

君たちに関係の深い経済指標は？

国民の生活に非常に関係の深い経済指標には、物価と失業率がある。これは君たちにも大いに関係のある指標だ。物価についてはとても重要なので、次に詳しく説明をしよう。ここでポイントだけ少し話しておくと、物価全体が傾向として上昇するときはインフレ、下落するときはデフレという。物価の動向を表す指数としては、企業にとっての物価動向を示す企業物価指数と、家庭にとっての物価動向を示す消費者物価指数などがあるが、君たちに一番関係のあるのは消費者物価指数だ（図表5―6）。

物価はなぜ変動するかというと、基本的には需要と供給によって決まる。景気が良くなれば、みんなが少し高くてもいろいろなものを買いたいと思うようになる。その結果、物価は上昇していく。また、企業が商品を生産するためのコストが大幅に上がったりすると、値上げをするということもある。反対に景気が悪くなって、みんなが高いものを買わないようになれば物価は下がる傾向となる。成長率と同様に、1990年代の中ごろから消費者物価が前の年よりも下落することが増えてきた。これが日本のデフレ現象だ。これを回復するために、政府と日銀は物価上昇率の目標を2％としていろいろな政策を講じている。

もう1つ大切な指標は、失業率だ。正式には「完全失業率」と言われ、働きたいのに景気

図表５－６　消費者物価（前年比％）

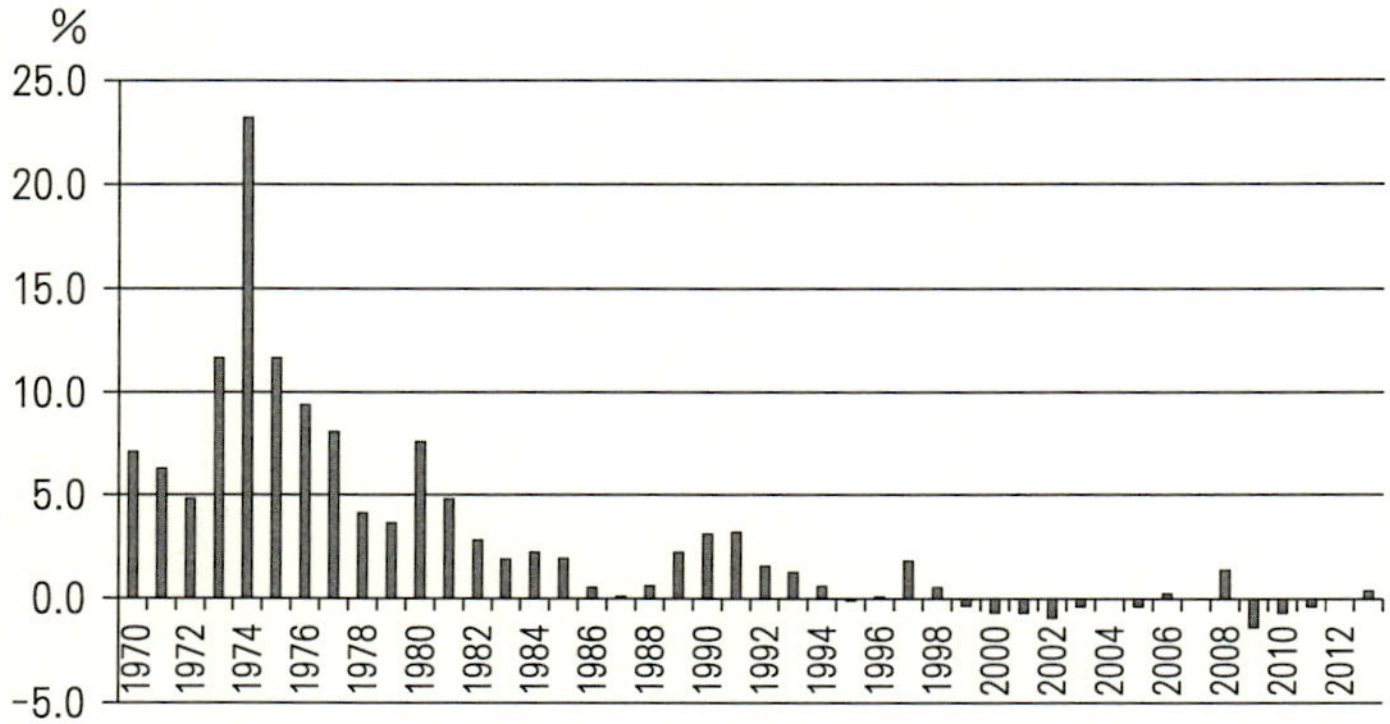

出所：総務省統計局のデータに基づき著者作成。

が悪くて仕事を失う人、仕事を探しても見つからない人の割合を示す。君たちもいずれ就職をするだろう。その時、景気が悪くて失業率が高ければ「就職難」ということにもなる。反対に景気が良くて失業率が低ければ、就職も比較的しやすいだろう。もちろん、それぞれの能力が一番大事だけどね。図表５－７のグラフを見ると１９９０年代に入ってから２０００年代の初めまで、大幅に失業率が増加した。これが就職難につながっていたのだ。最近数年、失業率は低下傾向にあるので、少しずつ状況は改善している。

　景気が良くなると、たくさんの企業が人の採用を増やし、失業率が低下する。働いている人も増え、収入も増えるので消費も活発になり、だんだん物価も上昇を始める。しかし、物価が上がりすぎると生活が苦しくなる。そこで、日銀は金利を引き上げたり、おカネの量を減らしたりしてそれ

図表５－７　完全失業率（％）

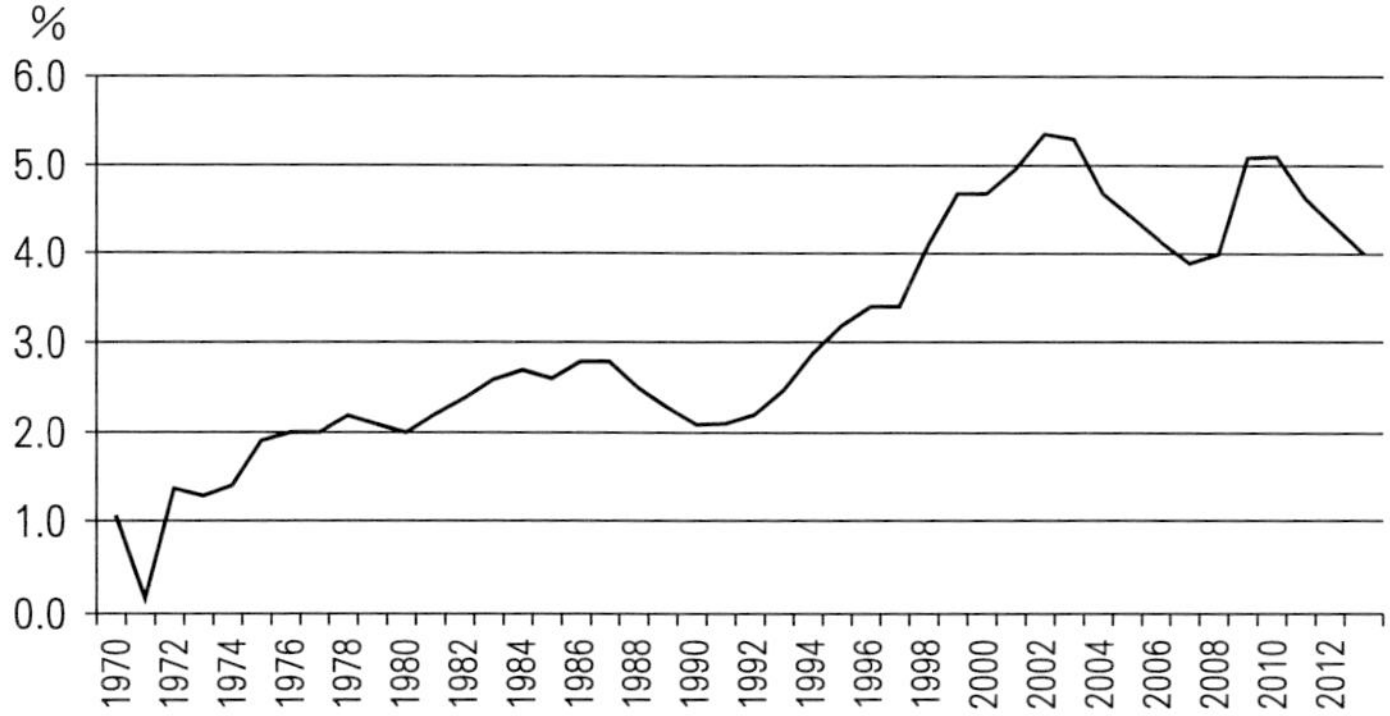

出所：総務省統計局のデータに基づき著者作成。

を抑えようとする。

これが続くと、徐々に景気が失速するようになり不況になる。そうすると物価はインフレ的な状態からデフレ的になる。同時に、企業も採用の計画を控えめにするので、失業率が上昇に転じる。これは困るので日銀は金利を下げ、おカネの量を増やして景気を良くしようとする。それを続けているうちに景気は良くなり、失業率が低下、物価もデフレ的な状態からインフレ的になる。このようにして政府や日銀は、物価や失業率などの経済指標をみながら金融政策を行っているのだ。

モノの値段はどのように変わった?

人間はいつも作れる以上のものを欲しがるので、物価は上昇する傾向がある。図表5—8にあるように、大学卒の初任給は過去40年間で5倍になった。即席めんは5・2倍、中華そば(ラーメン)は6・2倍、カレーライスは5・5倍、コーヒーは4・3倍、給食費は2倍(35年で)、学生服は5・2倍。ほとんど5倍ぐらいになっている。

もっと長期的に物価がどのように変動してきたかを見てみよう。ちなみに、「銭」というお金の単位が出てくるけれど、これは昔使われていた「円」よりもっと小さいお金の単位で、100銭=1円だった。約100年前(大正2年=1913年)の物価を見てみよう。大卒の人が逓信省という役所に入って公務員としてもらった給料が45円、おコメ一升は27銭、蕎麦は3銭、森永キャラメル(80粒)は40銭といった具合だった。物価も安かったけれど給料も安かった。

カレーライスを例に、長期間の値段の動きを見てみよう。

1902年(明治35年)には、カレーライスは一杯、5~7銭、つまり1円あると14~20杯も食べることができた。1917年(大正6年)になると一杯、7~10銭となり、1円で食べられるのは10~14杯に減った。さらに、1940年(昭和15年)には20~30銭となり、1円で3~5杯しか食べられなくなった。でも、1円でそんなに食べられるのなら悪くない

図表５－８　国民総生産実質成長率（%）

物の値段はどう変わったか

（円）

	即席めん	中華そば	カレーライス	コーヒー	中学校給食費	学生服	大学卒男子初任給
1970	28	96	136	95	2,275*	5,780	39,900
1980	60	311	401	247	3,028	20,890	114,500
1990	76	451	539	351	3,641	25,430	169,900
2000	84	543	656	418	4,120	31,470	196,900
2010	145	594	742	411	4,544	29,980	200,300

＊：1975年

出所：総務省統計局の「消費者物価指数」などより著者作成。

と思うかもしれないね。その分、給料も安かったから決して生活が楽だったわけではない。つまり、収入も低かったけれど物価も安かったんだ。戦争が終わって１９４８年（昭和23年）、カレーライスは50円になった。日本は戦争に負けて、平和にはなったけど物が極端に不足してしまった。その結果、物価が急に上昇したんだ。カレーライスも戦争の前（昭和15年）には20〜30銭だったけど、戦後（昭和23年）には50円に値上がりした。２５０〜１６６倍という驚異的な値上がりだね。さらに、１９６３年（昭和38年）には１２０円となっている。そして、最近はカレーにもいろいろな種類があるけれど、単純なカレーだったら５００円ぐらいかな。カツ・カレーなんかになると７００〜８００円ぐらいだね。

ここで見てきたように、長い期間をとってみると物価はかなり上昇している。物価が上昇するということは、お金で買えるものが減るということ。つまり、お金の価値が下落するということだ。だからこそ、人生を通じてお金を大切にして、お金を働かせて、物価の上昇に負けないようにしなければならないんだ。

インフレとデフレをもう少し学ぼう

インフレとデフレについては少しだけ触れたが、とても大切なことなので、少し詳しく説明をしておこう。生活に使ういろいろな物やサービスの値段が全体的に上昇を続けることをインフレーション、略してインフレという。反対に下がり続けることはデフレーション、略してデフレという。景気が非常に良くなりサラリーマンの給料も増えるようになると、みんながお金を使って物を買おうとする。みんな、少しぐらい値段が高くても買おうと思うようになる。そして物価の上昇が始まりインフレになる。そうすると、せっかく貯めてきたお金の価値が減ってしまう。物価上昇以上に給料が増えていればいいけれど、企業も物を作るコストが上昇するので給料の上昇も少なくなってくる。その結果、生活が苦しくなる。また、給料の値上げ、つまり、賃上げが続くと企業は商品の値段を上げざるを得なくなり、そして、物価と給料が追いかけっこのように上昇を続けてしまう。これを物価と給料のスパイラル現象といって、そうなるとインフレの歯止めが利きにくく、大きな問題となる。

いろいろな物やサービスの値段が下がり続けるデフレの場合はどうだろう。物の値段が下がるのだからよさそうに思うけれど、企業はいくら一生懸命、商品を売っても、値段が下がっているので売り上げが増えない。そうすると社員の給料も上げることができない。経済全体が縮小していくので、仕事がなくなってしまう人、失業者も増える。この場合も生活は苦しくなる。

歴史を見ると、とてもひどいインフレやデフレの例がある。例えば、第一次世界大戦のあとのドイツのインフレは有名だ。1923年の前半だけで物価は2万5000倍になり、パン1個の値段が1兆マルクにまでなってしまった。同じようなことが、アルゼンチンやブラジル、ジンバブエなどで起こった。こういう極端なインフレをハイパーインフレと呼ぶ。これほどひどくはなかったけれど、日本も1945年ごろから始まった戦後のインフレ、1973年のオイル・ショックによるインフレを経験した。

デフレの例としては、アメリカの1930年代がある。1920年代のアメリカは好景気に湧いたが、1929年に株式市場が大暴落をして、それから大不況が始まった。町中に失業者があふれ、働く意思のある人の4人に1人は失業という状態だった。

要するに、インフレでもデフレでも、あまりひどい状態になると国民にとって良いことはない。そこで日銀の仕事として、物価の安定があるわけだ。日本は、平成になってからデフレ的な傾向が強かった。そこで政府は現在、少しだけ物価を上昇させようという経済政策を進めている。君たちの生活にも関係あることなので、物価の動きは注意しておくといいと思うよ。

国のふところ具合は？

国は、国民から税金を集めたり、お金を借りたりして国民のためになることをしてくれている。国に入ってくるお金や、出ていくお金の状態を「財政」という。日本の財政は非常に厳しい状態だ。国は、国民のためにいろいろなサービスをしてくれている。公共投資で道路や橋、空港などを作ってくれるし、自衛隊や警察、消防など私たちの生活を守ってくれるための費用も国が払っている。また、健康保険、介護保険、雇用保険や年金制度などによっても、国民が安心して生活をできるようにしてくれている。しかし、そのためには非常に大きな費用が必要だ。

今後、日本はさらに少子高齢化が進んでいくので、費用は一層、増加することが考えられる。その意味で、政府のおカネのやりくりはこれからもかなり厳しく、無駄を省いていかなければならない。同時に君たちも「国が何とかしてくれる」という甘い考えは捨てて、「将来の自分は、いまの自分が支える」という考え方が必要だ。

日本経済は、１９９０年代から長期にわたってあまり景気の良くない状態が続いた。経済の成長が鈍化すると、政府が国民や企業から集める税金もあまり増えない。しかし、支出は簡単に削減するわけにはいかない。そこで政府は、国民が持っているお金を借りて不足を賄っている。いま、この借金が非常に大きな金額になってしまっている。それが日本の財政赤字の問題だ。借金の中でも重要なのが国債だ。国債というのは、国が発行する債券だ。債券というのは借用証書のようなもの。つまり、国が借用証書を発行して、それを国民が買っているというわけだ。言いかえれば、国民が国にお金を貸している。

２０１４年度の一般会計予算の場合、まず、お金の入ってくる方は、税金などの収入が約50兆円、それ以外の収入が４・６兆円ある。つまり、収入は合計54・６兆円だ。一方、支出は95・９兆円になっている。当然、お金が足りないのでさらに借金をする。しかも、２０１４年の支出のうち、23・３兆円がこれまでの国の借金である国債の利払いや償還費だ。これがまた次の年の借金を増やすことになってしまう。その結果、いま、国と地方の借金の総額は１０００兆円にまでなってしまった。

国のふところ具合がどんな状態か、家庭にたとえてみよう。わかりやすくするために、10兆円を１００万円に置き換えて考えてみよう。税金は家庭の収入のようなものだ。例えば、２０１４年度、50兆円の税収を、お父さんの５００万円の年収入だとしよう。さらにお母さんがパートで46万円稼いでいる。だから、合計５４６万円の収入がある。一方で、この家庭の費用は年間９５９万円だ。つまり、収入５４６万円の家庭が、毎年、９５９万円のおカネを使っているのだ。当然、借金に頼ることになる。その結果、この家庭はすでに1億円の借金ができてしまった。しかも、毎年の生活費959万円のうち233万円、つまり、ほぼ4分の1は借金の返済と金利の費用になってしまっている。

これが日本の現在の財政事情だ。ただ、この家庭でたとえれば、幸いなことにこの借金はいまのところ、お母さんのへそくりや、おじいちゃん・おばあちゃんから借りるなど、一応、家族や親族の中での借金にとどまっている。国の財政でいえば、日本の国民や企業が持っている資金を政府が借りているということだ。でも、これ以上、民間から借りることができなくなると、外国から借りなければならなくなる。そうすると、私たちが一生懸命働いて支払っている税金を、外国に対して金利や償還金として支払わなければならなくなる。

ここで見たように、国の財政はとても苦しい。そこで政府も、財政再建を重要な課題として挙げている。同時に国民も、将来の自分をいまの自分が支えるという心構えで、学生時代からおカネのことをしっかり勉強する必要がある。

外国と日本

グローバル化という言葉を聞いたことがあるだろう。1990年ごろを境にして、グローバル化が急速に進んだ。特におカネの世界は国境がないことから、どんどんグローバル化が進んだ。それには2つの大きな理由がある。1つは、それまでアメリカとソ連の間にあった緊張関係が緩和して、冷戦構造が終わったこと、そしてもう1つは、技術の革新によって情報化が世界で進展したということだ。世界中の企業が、世界中で生産をして、世界中の人に販売をするようになった。そして、世界中の人々が世界中を旅行するようになった。さらに、ＢＲＩＣsと呼ばれるブラジル、ロシア、インド、中国などの新興国や発展途上国が急速に成長し、世界の中で存在感を示すようになってきた。ＢＲＩＣsはブリックスと発音し、それぞれの英語名の頭文字をとってつけられた名前だ。

グローバル化の大きな波が日本にも来ている。君たちは、そのことを良く理解することが必要だ。「世界こそ我が家」という発想で、これからは生きなければいけない。君たちが将来、就職すれば、世界中の企業と競争するかもしれないし、世界中のお客を相手に仕事をするようになるかもしれない。君たちの身の回りや生活を考えてごらん。ほとんどすべての物が、海外の材料や原料を使って生産されている。世界中の産業や企業の「おかげさま」で私たちの生活はなりたっている。

日本から海外のお客に物を売ることを輸出という、逆に海外から日本が物を買うことを輸入ということは知っているね。最近は、世界中の企業が自分の国で生産するだけでなく、世界中で生産をするようになっている。日本の企業も海外に進出して、そこで生産をして、その製品を日本が輸入していることも多い。また、製品の一部を日本でつくり、それを海外に輸出する。その部品を使って海外で生産し、それを日本やその他の国に販売していることも多い。もはや、日本と外国があるのではなく、世界の中に日本があることを知るべきだ。

日本からはどんなものを輸出しているのだろう。主力の品目だと、自動車や自動車部品、鉄鋼、半導体・電子部品、化学品のプラスチックや有機化合物などだ。国別ではアメリカ、中国、タイなどが多い。一方、輸入で多いのは、原油、液化天然ガス（LNG）、衣類、石油製品、通信機などが挙げられる。国別にみると中国、アメリカが大きいが、資源やエネルギーが乏しい日本は、中近東の国々やオーストラリアなどからの輸入も大きい。

では、なぜ輸出入をするのだろうか。国によって、生産をするのが得意な物が異なる。また、不得意な物もある。そこでできるだけ生産するのが得意なものに国内の資源を集中し、不得意なものはできるだけ輸入をする。各国がそのようにすれば、世界全体としてグローバルな分業体制ができあがり、世界全体の経済の効率が良くなり、みんなが豊かになれる。そのためには、世界の国同士が仲良く、平和であり、そして、自由に貿易ができるようにならねばならない。やはり、みんなが豊かになるためには「平和」が大前提なのだ。

円高・円安ってどういうこと？

世界中の経済が、どんどん緊密につながってきている。でも、まだ、国や地域ごとに異なった貨幣が使われている。そこで出てくるのが為替の問題だ。よく、円高とか、円安というのを聞いたことがあると思う。1ドルが80円だった時から、1ドルが100円になると「円安」になったという。でも、これってちょっと違和感あるね。なぜ、80円が100円になると円が安くなったというのだろう。

いま、君が1ドルを必要だとしよう。1ドル80円のときだと、君は80円を銀行に持っていけば1ドルをもらえる。でも、1ドルが100円になったら、100円持っていかないと1ドルがもらえない。逆に、アメリカの人が100円を必要としよう。1ドルが80円のときは、100÷80=1.25だから、1ドル25セント持っていかなければならない。しかし、1ドルが100円になったら、1ドルを持っていけば100円と交換してもらえる。

アメリカの人から見れば、以前は1ドル25セントないと100円と交換できなかったのが、1ドルで100円もらえるようになった。君は、以前は80円持っていけば1ドルがもらえたのに、100円が必要となった。つまり、1ドルが80円から100円になったということは、ドルの価値が上がったということだ。ドルの価値が上がるということは、円の価値が下がったということに等しい。そこで「円安」という表現になる。直観的には円安より「ドル高」といった方がわかりやすいね。

図表５－９

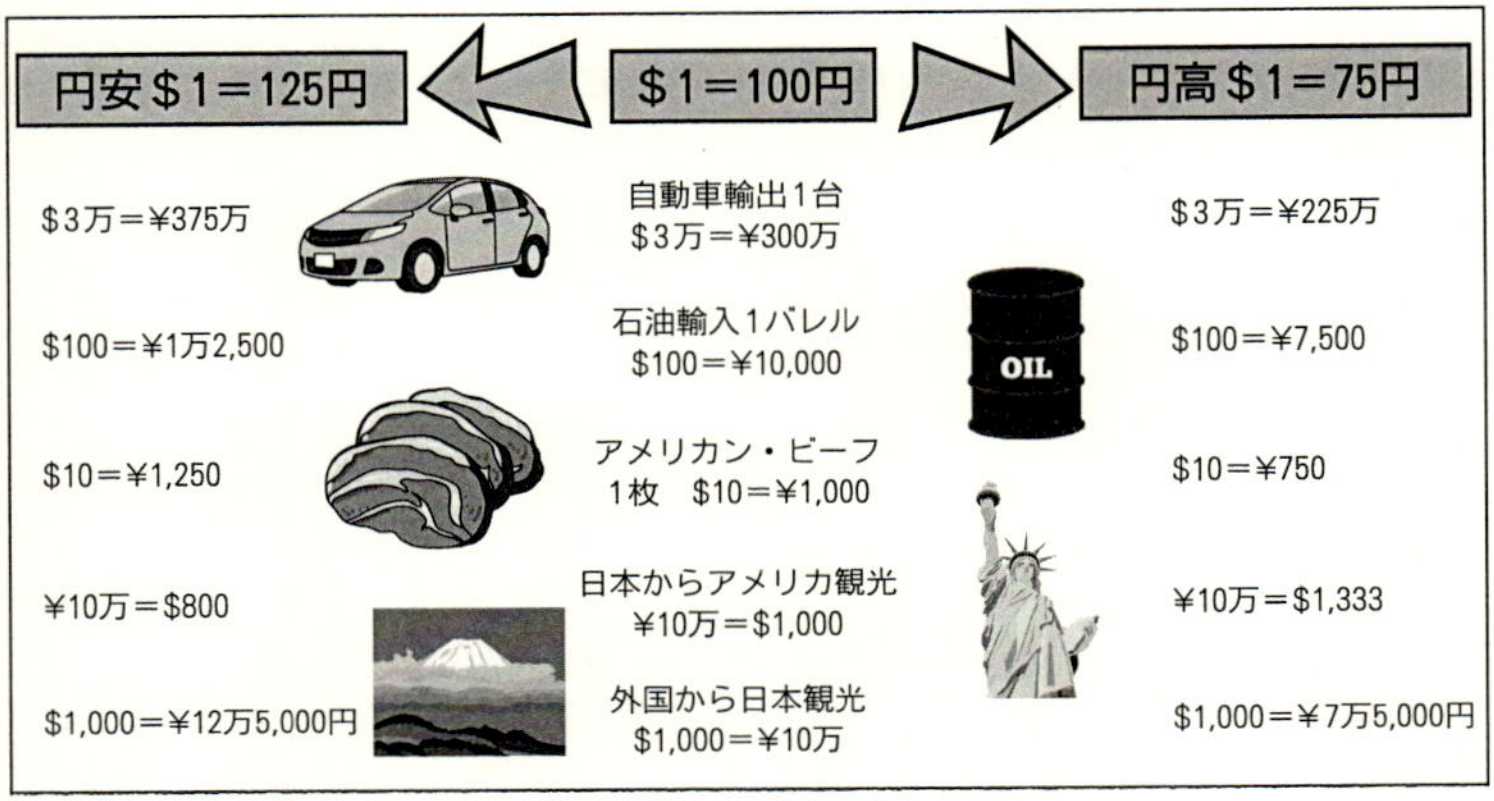

円安 $1=125円	$1=100円	円高 $1=75円
$3万=¥375万	自動車輸出1台 $3万=¥300万	$3万=¥225万
$100=¥1万2,500	石油輸入1バレル $100=¥10,000	$100=¥7,500
$10=¥1,250	アメリカン・ビーフ 1枚 $10=¥1,000	$10=¥750
¥10万=$800	日本からアメリカ観光 ¥10万=$1,000	¥10万=$1,333
$1,000=¥12万5,000円	外国から日本観光 $1,000=¥10万	$1,000=¥7万5,000円

円高・円安になるとどうなるか

図表５―９を見てごらん。

まず、自動車を輸出したとしよう。もし、１ドル１００円なら、３万ドルの自動車をアメリカで売れば３００万円の売り上げになる。もし、１ドル１２５円に円安になったら、同じ自動車を１台売れば３７５万円の売り上げになる。反対に１ドル75円に円高になったら、売り上げは２２５万円にしかならない。このことから、輸出をするときは円安の方がメリットは大きいことがわかる。

では、石油を１００ドル輸入するとしたらどうだろう。最初は１００ドル＝１万円だとしよう。円安になると１万２５００円、円高だと７５００円で買うことになる。輸入の場合は、円高の方が安く買えることがわかるね。同じことがアメリカン・ビーフでも言える。10ドルのビーフが最初は1000円、円安だと1250円、円高なら750円だ。つまり、円安になると輸入しているものの値段が上がってしまうということだ。

では、輸出入ではなく海外旅行ならどうだろう。君がお小遣いとして10万円持ってアメリカに行くとしよう。1ドル100円なら10万円で1000ドルと交換できる。でも、円安だと800ドルしか交換できない。円高だと1333ドルを受け取れる。これは円高が得ということになる。

反対に、アメリカの人が日本旅行をするため1000ドルを円で使うとする。1ドル100円なら10万円を受け取れる。円安で1ドルが125円だったら12万5000円もらえる。反対に、円高で1ドルが75円だとすると7万5000円しか受け取れない。つまり、アメリカからの旅行者には、円安=ドル高の方が都合がよいということだ。

つまり、円高とか円安は、どちらにしてもメリットもあればデメリットもあるということだ。

世界にはどんな通貨があるの？

世界には、円とドルだけではなくたくさんの通貨がある。その中で一番、中心になっている通貨がドルで、これは「基軸通貨」と呼ばれている。

図表5－10

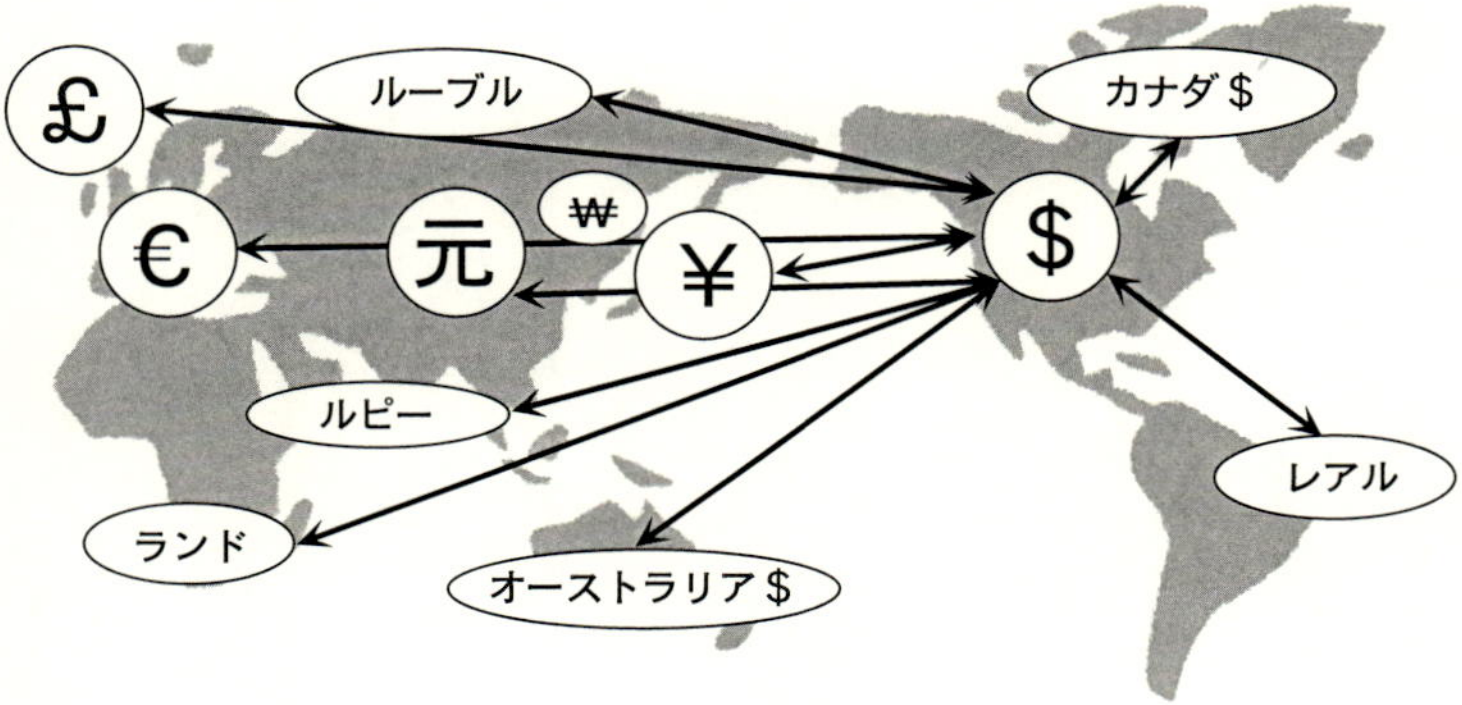

また、かつてヨーロッパの国々は独自の通貨を使っていたが、2002年1月1日から共通の通貨、ユーロが使われるようになった。現在、24カ国が参加している。いろいろな問題もあるけれど、また、二度とふたたびヨーロッパの中で戦争を起こさないという強い意志のもとに、多くの課題を乗り越えてやっと実現したのだ。これからも多くの問題が出てくると思うが、ぜひ初心を忘れないでこの通貨を維持して欲しいと思う（図表5－10）。

例えば円とユーロの関係は、円とドル、ドルとユーロの交換レートによって変わる。それでは、それぞれの通貨の交換比率はどのように決まっているのだろう。それぞれの国の為替レートは、世界中の外国為替市場の需要と供給の関係によって決まる。つまり、ドルを必要とする人が増えればドルは高くなるし、円の需要が高まれば円が高くなる。需給関係は、貿易の量や世界のお金の動き、あるいは通貨を売買して儲けようとする人たちの行動によって決まる。

この章の復習

●物やサービスの値段がどのように決まるか、需要と供給によって説明しなさい
●国内総生産（GDP）とはなにか説明をしなさい
●インフレとデフレはどう違うのか説明をしなさい
●日本の財政状況について知っていることを述べなさい
●円安になるとメリットがあるのはどのような場合か、例を述べなさい

第6章 もっと知りたい投資のこと

株式会社のはじまり

投資をする目的は、お金を「増やす」ことだ。お金を増やすためには、いま、すぐ必要ではないお金を、いま、お金を必要とする会社に使わせてあげること。つまり、お金をその会社の中で働かせるということだ。君たちの分身としてお金が働いてくれるのだ、そして、その会社が世の中のためになることをして、みんなから感謝され、感謝のしるしである収益が増えてくる。そして、その収益の一部が、君たちのもとに戻ってくる。「お金を融通してくれてありがとう」という感謝を込めて、投資した金額が大きく育って帰ってくる。それが投資でお金を増やすということだ。投資のことをよく理解するためには、会社の仕組みをよく知っておかなければならない。

世の中にはたくさんの株式会社がある。株式会社がいつごろ、どのようにできたかというと、1600年ごろまでその歴史はさかのぼる。スペインやポルトガルの航海術が進化し、1492年にコロンブスがアメリカ大陸に到達し、1498年にはバスコ・ダ・ガマがインドへの航路を開拓、1520年にはマジェランが世界一周をした。アジアの胡椒などの香辛料がヨーロッパでは非常に高く売れたので、イギリスやオランダの金持ちがみんなでお金を出して、船を用意し、船長や船員を雇ってアジアまで航海をしてもらう。そして、アジアの品々を安く仕入れ、ヨーロッパで高く売ろうと考えた。

その考えは大成功だった。アジアまで行って、胡椒やお茶や綿織物、絹織物などを買ってきてもらい、それをヨーロッパで売って大きな利益を得るようになった。その利益は、お金を出した人たちがみんなで分けた。もちろん、アジアまでの航海は非常に危険で、船が途中で沈没したり、海賊に襲われたりすることもあった。でも、うまくいったときのもうけは非常に大きかった。1人でお金を出して失敗すると大変なことになるが、みんなでお金を出して、その利益を分ける方式だったので、多くの金持ちが危険を承知でこのビジネスに参加した。これがいまの株式会社の原型になったのだ。いまでも、お金を出資して株主になり、船長さんに当たる経営者を雇い、事業をしてもらい、その利益を得るという原則は変わっていない。

A君がパン屋さんを始めたら

　ここで、いまから10数年後にワープしてみよう。君たち、社会人になっているだろう。君の中学校時代の親友でA君という人がいるとしよう。彼は一生懸命に働き、500万円を貯めた。そして、その500万円で小さなパン屋さんを始めた。小さい頃から料理が好きだったA君のパン屋さんは大評判になる。行列ができて、毎日、アッという間に売り切れてしまう。テレビも取材に来たりする。インターネットでも評判になる。そこでA君は考える。あと500万円あったら、いまのビジネスを倍にできる。そして、おいしいパンをもっとたくさん作って、みんなに喜んでもらえる。でも、A君は、貯金のすべてをパン屋を始めたときに使ってしまった。そこで彼は、中学校のときにクラスメートだった親友の君のことを思い出す。君はいま、サラリーマンでしっかり働いている。結構、貯金もして、すでに500万円以上たまった。

　そこでA君は君を訪ねる。「おお、久しぶりだなあ」と出迎える君に、A君は「実はな、パン屋を始めたんだけど、とても好評なんだ。それで、このビジネスを倍増したいと思っている。ついては500万円必要なんだ。何とかならないだろうか」と相談を持ち掛ける。君は、「500万円か…、かなりの大金だな。でも、昔から君は料理がうまかったし、人間も信頼できる。ちょっと考えさせてくれ」という返事をする。

さて、君はここで考える。あいつのことだから、パン屋さんのビジネスを倍増してもきっとうまくいくだろう。幸い、いますぐに必要ではないお金が500万円、銀行預金に入っているから、それを使わせてやってもいいな。そう考えた君は、2つの選択肢があることに気づく。その選択肢は以下のようなものだ。

選択肢1：500万円をあいつに5年間、貸してやろう。その代わり毎年、5％の金利をもらい、5年目には金利と一緒に元本の500万円もきっちり返してもらう約束をしよう。

選択肢2：500万円をあいつの会社に出資しよう。その資金は返済する必要はない。しかし、今後、彼の会社の儲けはすべて彼と半々で分け合う約束をしよう。

ここで君の選択肢のメリットとデメリットを考えてみよう。選択肢1の場合、A君のパン屋さんがビジネスを拡大して、仮に何かの理由でうまくいかなかったとしても、毎年5％の金利を君は確実にもらえ、しかも、5年後には貸したお金もちゃんと返ってくる。その点では安心だ。しかし、ビジネスが大成功をしてパン屋さんが大儲けをしても、もらえるのは毎年、元本の5％だけだ。一方、選択肢2では、ビジネスが大成功をすれば、その利益の半分

図表6－1

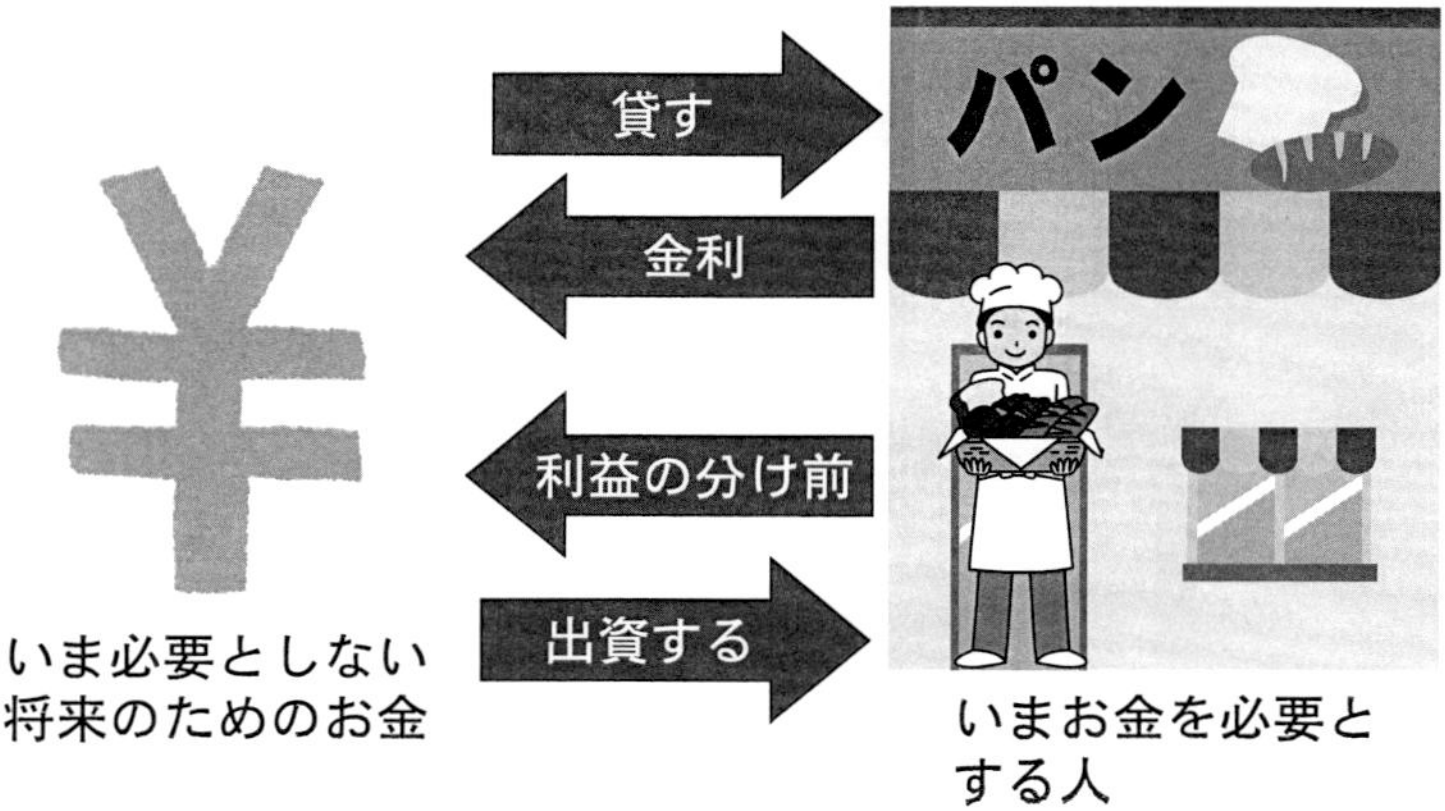

は君のものになる。それは選択肢1よりもはるかに大きな金額になるだろう。でも、何かの理由でうまくいかなかったら、利益はずっと小さくなってしまう。場合によっては、赤字になって何ももらえないかもしれない（図表6―1）。

さて、君はどちらを選択するだろうか。正解はない。安全に年5％の利益で満足するか、不確実だけど大きく儲かるチャンスに賭けるかという判断だ。選択肢1の方法は貸付だ。貸付には普通、借用証書が作られる。その借用証書の一種が債券と呼ばれる証券だ。つまり、A君が債券を発行して、それを君が買うことで、A君にお金を使わせてあげることになる。選択肢2は出資で、「出資をしていますよ」ということを証明するものを株式という。そして株式を持っている人を株主という。株式は、利益も小さいけど安全度は高い。債券は、大きく儲かるかもしれないし、大きく損をするかもしれない。投資した金額に対する利益の率を「リターン」という。また、わからなさ、つまり、不確実性を「リスク」という。つまり、債券は低リスク・低リターン、株式は高リスク・高リターンということになる。

株式投資ということ

株式と債券の違いはわかったろう。投資にはいろいろあるが、その中で特に大切な、株式投資について勉強しよう。株式は、株式会社が発行する。君たちが知っている株式会社にはどんなところがあるだろうね。とても大きな会社だと、例えばトヨタ自動車などがある。この大きな会社を、1人の人がお金を出して経営をするのは難しい。2人でも難しいよね。いや、10人でも100人でも難しい。

トヨタ自動車のような株式会社は、普通、たくさんの人が少しずつお金を出して保有している。トヨタ自動車だと、会社全体の財産から借金を全部返した残りの財産、つまり、株主が持っている資産を約34億分の1に細かく分けている。そして、細かく分かれた会社の財産を「確かにあなたが持っていますよ」と証明するものが株式だ。株式は株とも呼ばれている。その持っている部分のことを株主の持ち分という。

分けて持っているといっても、「このパソコンは私のもの」、「この机は彼のもの」というように、ひとつひとつの資産の所有者を決めるのではない。会社の財産全体をまとめて細かく分け、それを持っているのだ。

つまり、株式を持つということは、その会社全体の一部分を持っているということだ。言い換えれば、会社のオーナー。オーナーは持ち分を保有しているのだ。会社の資産は細かく分かれているので、より多くの人が株主になれる。君たちだって、お年玉やお小遣いを貯めれば株式を持つことはできる。君だって、大きな会社のオーナーになれるんだ。株主になるということは、会社のオーナーになることだ。

パン屋さんの例でわかるように投資では、君たち自身の判断がとても重要になる。成功すれば、君のお金は増える。でも、失敗すれば、お金が減ることもある。失敗も成功も、すべて自分の責任。これを「自己責任」の原則という。つまり、責任は自分にあるということだ。これは投資だけのことではない。君たちが毎日生きていく中で、いろいろな判断をする、その結果によって、君たちにとって良いことが起こったり、困ったことが起こったりする。その時に、その結果を人のせいにしても意味がない。結局、喜んだり、困ったりするのは自分なのだ。だから、自己責任というのは、生きている間ずっとついてまわるものだ。投資のことを勉強すると、自己責任ということがよく理解できるようになる。

図表6－2

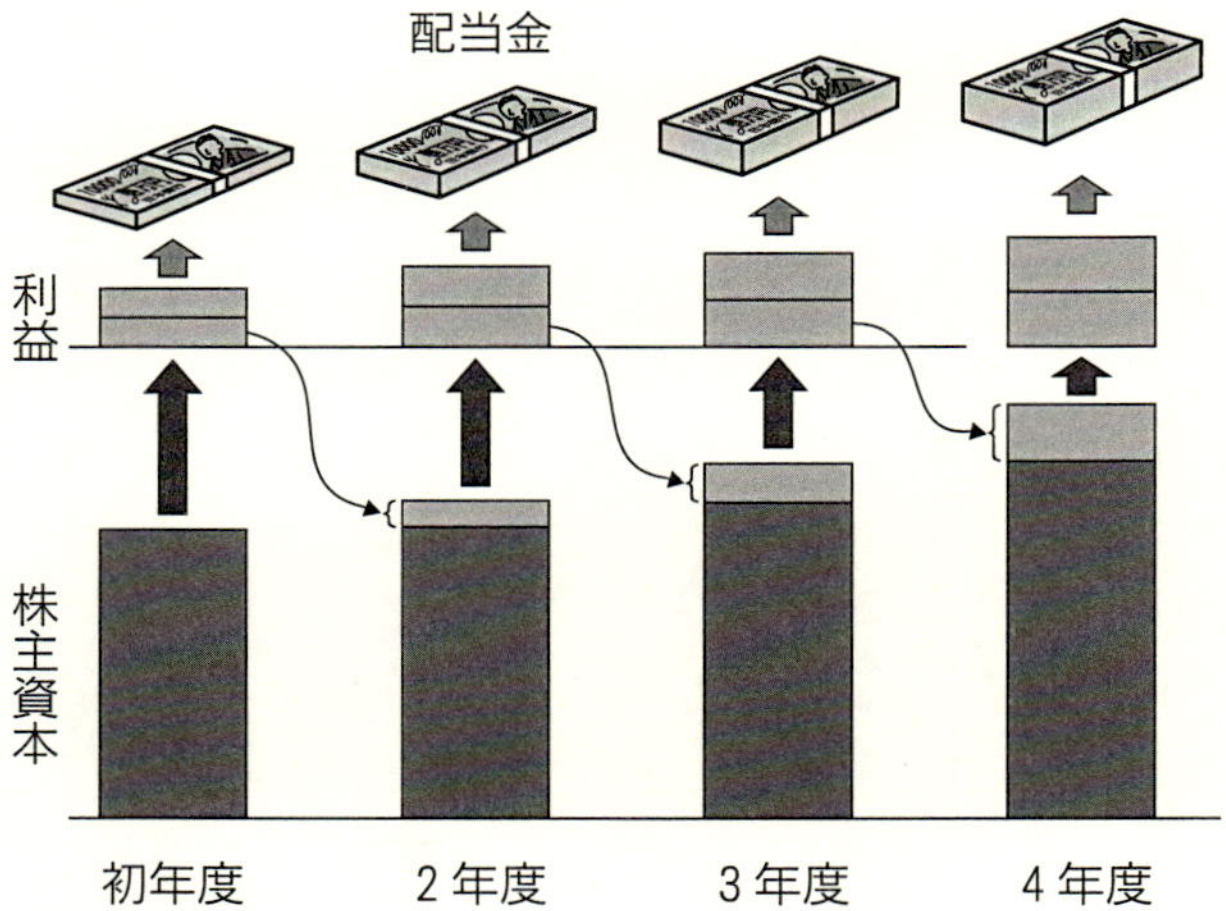

会社はどのように成長するのか

株主になるということは、会社の部分的なオーナーになるということだ。とても小さな部分かもしれないけれど、オーナーであることに変わりはない。会社の全財産を「資産」という。この資産の価値からすべての借金を返した残りを、株主が所有している部分だと考えることができる。この部分を「株主資本」という。つまり、株主になると、株主資本を保有することになる。会社が1億株の株式を発行していて、君たちが1株の株主になったとすると、君はその会社の株主資本の1億分の1を持っていることになる。

会社のオーナーである株主は、会社の利益を得ることができる。毎年の利益の一部は普通、配当金として株主に支払われる。残りは会社の中に残しておき、今後のビジネスのために株主資本に追加される。会社は、使えるお金が増えるのでさらに大きな利益を上げることができる。こうして、会社の中の株主資本は成長をしていく（図表6―2）。

もちろん、会社の中には、業績が悪くて最悪、倒産してしまう企業もあるかもしれない。でも、いくつもの会社の株式を持っていれば、すべてが倒産する可能性は少ない。このようにして、たくさんの会社に投資してリスクを削減する方法を「分散投資」という。でも、たくさんの会社の株式を持っていても、世界的に深刻な不況がくれば、多くの企業の利益が一時的に落ち込むこともある。しかし、世界全体の経済は長期的には成長しているのだから、企業全体の利益も成長していく。これが「長期投資」だ。このように分散投資と長期投資というのは、投資を行う際にとても大切な原則だ。

それではどんな株式を買ったらいいのか

投資というのは、ずっと将来の君たち自身のためにする経済行為だ。だから、投資をする会社も、長期的に成長をしてくれる企業を買うのがよい。つまり、良い社会を創るために貢献している企業の株式を、長い期間保有する。そして、その会社が成長するのと一緒に、君たちが投資した資金も増えてゆく。

ところで、会社の価値とは何だろう。株式を買うということは、会社の株主資本を買うことだ。ある人は、今の株主資本をその会社の価値と考える。別の人は、来年の株主資本を価値と考えるかもしれない。5年後の株主資本を会社の価値と考える人もいるかもしれない。いろいろな投資家がいろいろな考え方で株式の価値を判断し、そのコンセンサスで株価が決まっている。そして、投資家の判断は常に流動的に変化している。それが株価の大きな変動を生み出す。その結果、株価は会社の価値を中心にして毎日、上にも下にも大きく動いている。しかし、長期的にみると、価値が増加していれば大きな変動の中心も上昇していく。だから短期的な株価の動きは無視して、世の中のためになる会社をじっと保有していればよい。

それでは、世の中のためになる会社ってどんな会社だろう。私は、人間だけではなくあらゆる生物の命を大切にする企業、私たちが住まわせてもらっているこの地球を大切にする企業、そして、今だけではなく、未来にまで良いことが続くような事業をしている会社だと考えている。そして、消費者、従業員、お金で会社を支えてくれている株主などの投資家を大切にする会社こそ、世の中のために役立つ会社だと言える。

証券市場の仕組み

第3章で、お金を融通することが「金融」だと説明した。金融には、間接金融と直接金融という2種類がある。まず、間接金融について説明しよう。君たちが銀行にお金を預ける。たくさんの人から預かったお金をまとめて、銀行は資金を必要とする人や会社に貸し付ける。その人たちから受け取った金利の一部を、預金をしてくれた人たちにわたす。この場合、銀行がどこに貸し付けるかを決めるので、預金をする人たちの意向は反映されない。つまり、間接的に自分のお金の行き先が決まるので間接金融という。そして、もし、貸し付けた先がつぶれるようなことがあっても銀行がその損失を負担するので、君たちの預金は守られる。

直接金融というのは、お金の行き先を、お金を出す人が自分で決める方式だ。具体的には、自分で会社を選んで、その株式や債券を買う。この場合、自分が本当に応援したい会社に自分のお金を使ってもらえるという喜びがある。しかし、もし、その企業が倒産でもすれば、それは自分自身の損失となってしまう。

株式を保有するということは、会社のオーナーとなって会社の資産を保有すること、債券というのは会社の借用証書だという話をしたね。どちらも会社が長期間にわたって必要とする資金を提供する手段だ。だから投資家も本来、長期間にわたって必要としない資金で買うべきものだ。しかし、いくら最初は長期で保有しようと思っていても、急に資金が必要となることもある。また、これまで株式や債券を持っていなかったけれど、ある会社を見ていてぜひ、その会社に自分のお金を使ってもらいたいという場合もあるだろう。そのような時のためにあるのが流通市場だ。

株主になるというのは、会社のオーナーになることだ。だから、Aさんがある株式をBさんに売ったとすると、Aさんが持っていた会社の持ち分はBさんに移ることになる。Bさんは、Aさんにお金を払って持ち分を買う。流通市場では、そのような持ち分の移動が投資家の間で活発に行われている。

ところで、会社が初めて株式を発行して資金を調達しようという場合には、流通市場が存在しない。だから、株主になろうという人は会社から株式を直接買うことになる。株式を発行する仕事をお手伝いするのも、証券会社の大切な仕事の1つだ。会社は、自分の会社の株式をたくさんの投資家に発行して、それを買ってもらって資金を集める。このような資金集めの方法を、発行市場での資金調達という。このようにして発行市場で買った株主たちがその後、流通市場で持っている株式を売却したり、また、発行市場で買わなかった株主が流通市場で買ったりして株式の取引が始まる。

株式を流通市場で取引する場合、証券会社に、買い、または売りの注文を出せば良い。日本中にある証券会社には、たくさんの会社の株式に対する売り注文や買い注文が入ってくる。それらを証券取引所の中にある株式市場に集める。そして、売りの注文と買いの注文を合わせていく。もちろん、この作業はすべてコンピューターで行われる。買いたい人がたくさんいれば値段が上がっていくし、売りたい人が増えれば値段は下がる。これはまさに、第5章の「もっと知りたい経済のこと」で勉強した需要と供給の関係で決まっているのだ。

こうして値段が毎日、変動するようになると、値段の動きだけで儲けようという人も出てくる。こういう人たちは投資をする投資家ではなく、投機家と呼ばれる。会社の価値は、長い時間をかけてだんだん成長していくものだ。短い期間では価値はほとんど変わらない。しかし、株式の値段、株価は、上昇しだすとみんながもっと上がるだろうと思い、さらに買う。下がりだすと反対が起こる。結局、人々の心理で上にも下にも大きく変動をする。そこで、その動きを利用して儲けようというのが投機家だ。しかし、株価の短期的な動きを予測しようとしても、うまくいくものではない。たまたまうまくいっても、それはその時に運が良かっただけで、毎回うまくいくというわけではない。だから、そんな心理ゲームをするのではなく、社会の役に立つ企業をのんびりと持っていればいいのだ。早く、たくさん儲けようとするから、みんな失敗をする。投資が難しくなる。しかし、そこそこの利益で満足して、長い時間をかけて資産を増やすのであれば安全だし、難しくもない。

投資信託とはなにか

しかし、君たちは株式を買おうと思っても、いったいどの会社の株式を買ったらよいのか、なかなかわからないだろう。また、さっき話をした分散投資が大切だといっても、お金が相当なければたくさんの会社の株式を買うことはできない。そこで、とても便利な投資信託というものがある。どういう仕組みかというと、たくさんの人がお金を出し合う。そのお金をまとめると、1人1人が出す金額は小さくても、全体では非常に大きなお金になる。そのお金を使って、投資信託会社の専門家がさまざまな会社の株式や債権などに投資をしてくれる。そして、それらが収益を上げれば、それぞれの人が持っている比率に応じて、その利益の分け前がもらえる。これはとても便利な仕組みだ。

1つだけの会社を持っていると、その会社が潰れてしまえば自分のお金がなくなってしまう恐れもある。でも、たくさんの会社の株式を専門家が選んでくれれば、安全度は高いと言える。しかも投資信託は、一口なら5000円ぐらいでも買える。君たちだって、お年玉やお小遣いをもらったら、そのお金で投資信託を買ってみるのも面白いと思う。日本の会社だけではないよ。世界中のあらゆる産業の主な会社すべての株式を、君たちは投資信託を通じて持つことができるんだ。何かすごくリッチになったような気がするだろう。

株ってバクチでしょ?

そう思っている人も世の中には多い。バクチというのは、ただ偶然性に賭けているだけの行為だ。サイコロの目を当てたり、コインの裏表を当てたりするようなもの。株式を使ってとても短い期間で売買をして儲けようというのは、投機だ。投機はバクチの一種で、結果に法則性がないし、結果をコントロールすることもできない。対象としているのはあくまで株価という値段であって、企業の価値はあまり関係ない。

投資は、お金を必要とする企業にお金を出してあげてオーナーになることだ。そして、時間をかけて企業が成長するに従い、自分のお金も育てようという行為だ。投機のように、偶然にすぐ儲けることを狙うのではない。良い会社を選んでじっくり持ち続ければ、いつのまにか大きく育っているというのが投資だ。

君たちも将来、バイトなどでお金が手に入るようになったら、その一部で株式を買ってみたらいい。自分がいつもお世話になっている会社、世の中のために役立っている会社を買うのもいいだろう。もし君たちが将来、就職したいと思う会社があったら、その会社の株式を1株でも買ってみるのもいいと思う。就職試験の面談で「私は子どもの頃からずっと、おたくの会社に入りたいと思い、株主になってきました」と言ったら、きっと面接する会社の人もびっくりするかもしれないね。また、何を買って良いかわからなかったら、全世界の主な企業に投資をしている投資信託を買ってみたらいい。世の中の経済の動きが身近に感じられるようになるよ。

この章の復習

- 株式と債券の違いを述べなさい
- 「リターン」と「リスク」の意味はなにか
- 直接金融と間接金融の違いはなにか
- 株主が保有している会社の資産をなんというか
- なぜ、株価の動きを短期的に予想するのはできないのか

第7章 お金と付き合うときの注意

投資で大損をしない方法

投資は経済活動だ。君たちの稼いだ大切なお金を、事業を営む会社に使ってもらうことで世の中に価値を生み出す行為だ。そして、長い時間をかけて会社が育つのと共に、君たちのお金も増やそうという行為だ。投資って、人生を通じて行っていく長い旅だ。その長い旅の途中で、3つの悪魔が登場してくる（図表7―1）。

最初に登場するのが「無知」という悪魔だ。「投資なんてバクチの一種じゃないか」、「あんなものは、まともな人間のやることではない」などという先入観を持って最初から投資に近寄らない。でも、少しずつ本当の投資の意味がわかり、とても必要なことだと理解すると、将来の自分を支えるための投資を始めることになる。

長期投資の長旅は、晴れた日ばかりではない。ときには暴風雨になったり、交通が遮断さ

図表7－1　長期投資の長旅と3つの魔

れたり、いろいろな事件が起こる。つまり、株式市場がナントカ・ショックで大暴落というのも時々ある。ここで出現するのが「恐怖」という悪魔だ。「やっぱり株なんかやらなければよかった」、「もっと下がってしまったらどうしよう」というような思いが心に湧いてくる。

みんなは、暴落が起こる前にうまく売っておいて、下がったところでまた買えばいいじゃないかと思うかもしれない。それはプロでも相当難しいことなんだ。むしろ、多くの人が株価が高くなると買いたくなる、安くなると売りたくなる。でも、これじゃ、もうかるはずないよね。人生を通じてのお金との付き合いは、長い時間という強い味方がある。だから、十分に分散された投資をしていれば、一時的に下がっても、じっと持っていればまた上昇してくる。なぜかといえば、116ページで述べたように、株式というものは価値が増加していくものだからだ。株価は価値の周辺を大きく動くけれど、その中心は価値の増加を反映して少しずつ増加をしていく。こうして、「恐怖」という悪魔も退治して、長旅を続けていく。

最後に出てくるのは「欲望」という悪魔だ。だんだん投資に慣れてくると、少しずつ自信が出てくる。そして、それが自信「過剰」になってしまう。「自分だったら、もっと早くたくさんもうけることができそうだ」、「投資なんて、意外に簡単なものだ」などと思ってしまう。そして、本来の投資から離れて、株価だけを追いかける投機の道に踏み込んでしまう。

私は、投資の秘訣を①急がない、②欲張らない、③争わない、④考えすぎないとしている。そして、これを「リラックス投資術」と呼んでいる。欲望という悪魔を抑え込んでリラックス投資術の教えを守っていけば、長期的には大きく育ったお金が君たちのもとに戻ってくる。「戻ってくる」から、投資の収益のことを「リターン（戻る）」というんだ。

一番大切なことは「株価は、会社の価値の影」だと知ることだ。株式市場に参加して投機をしたり、短期で売買をしている人たちの心理は、欲望と恐怖の間を行ったり来たりしている。欲望の側から光をあてると、価値は小さくても影は大きくなる。恐怖の側から光をあてると、価値よりも影はずっと小さくなる。みんな、その影の動きを見て、株式を売ったり、買ったりしている。人生を通じて投資をする人はそんなことは関係なく、会社の価値が着実に増えている点を重視する。

図表7－2

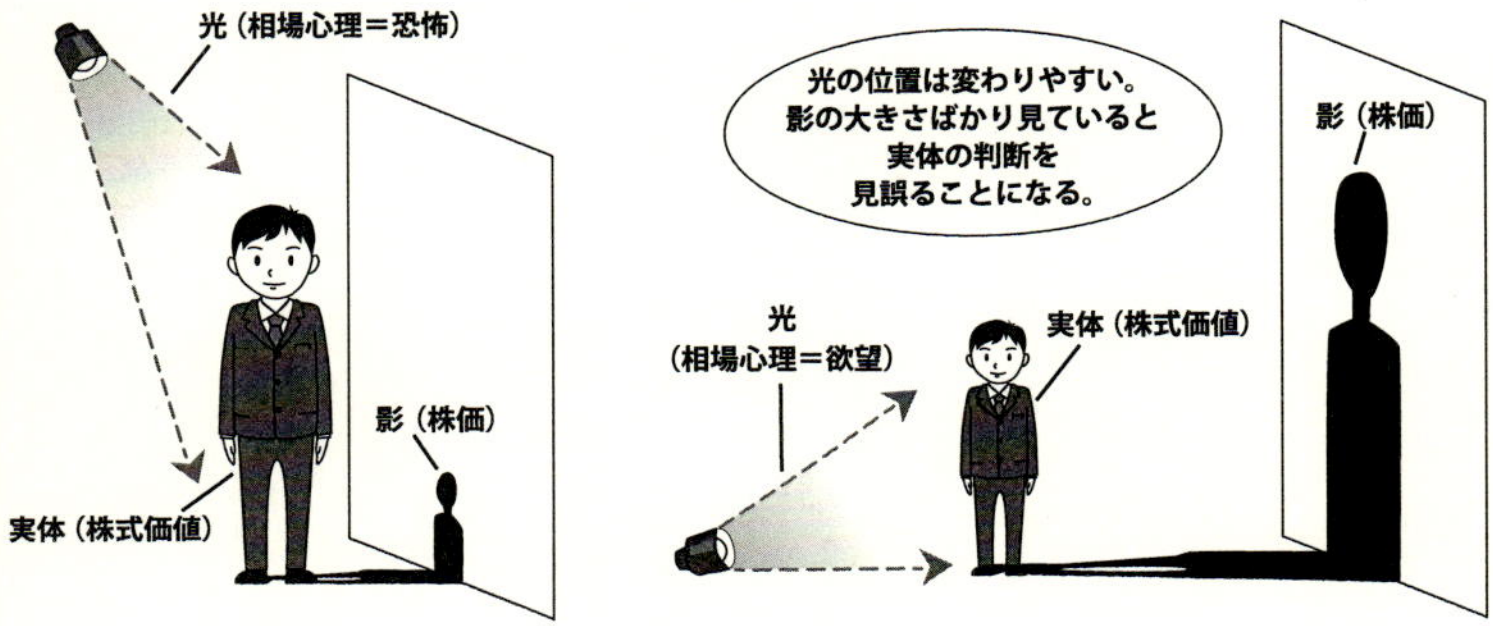

株価は影、これを理解することはとても大切だ（図表7―2）。つい、毎日、変動をしている株価に目を奪われてしまう傾向があるが、それは単なる影の動き。本当に大切なのは株式の価値の動きだ。株式の価値が長期的に増加していれば株価は大きく変動しながら価値と共に上昇をしていく。ちょうど、影が実体から離れられないのと同じだといえよう。仮に高い値段で買ってしまっても価値が増大していれば、長期的には買った値段を上回る可能性が高い（図表7―3）。

株式投資をするには2つの方法がある。1つは、本当に社会で役立っている企業を買うことだ。世の中のためになっている企業であれば、長期的には成長をしていくだろう。そのような株式の価値も増加するから、株価も長期的な傾向で見れば値上がりしていく。

もう1つの方法は、投資信託を通じて全世界の主な会社の株式を全部まとめて買ってしまう方法だ。長期的には世界の経済は成長をしていく。その成長を牽引していくのが

図表７－３

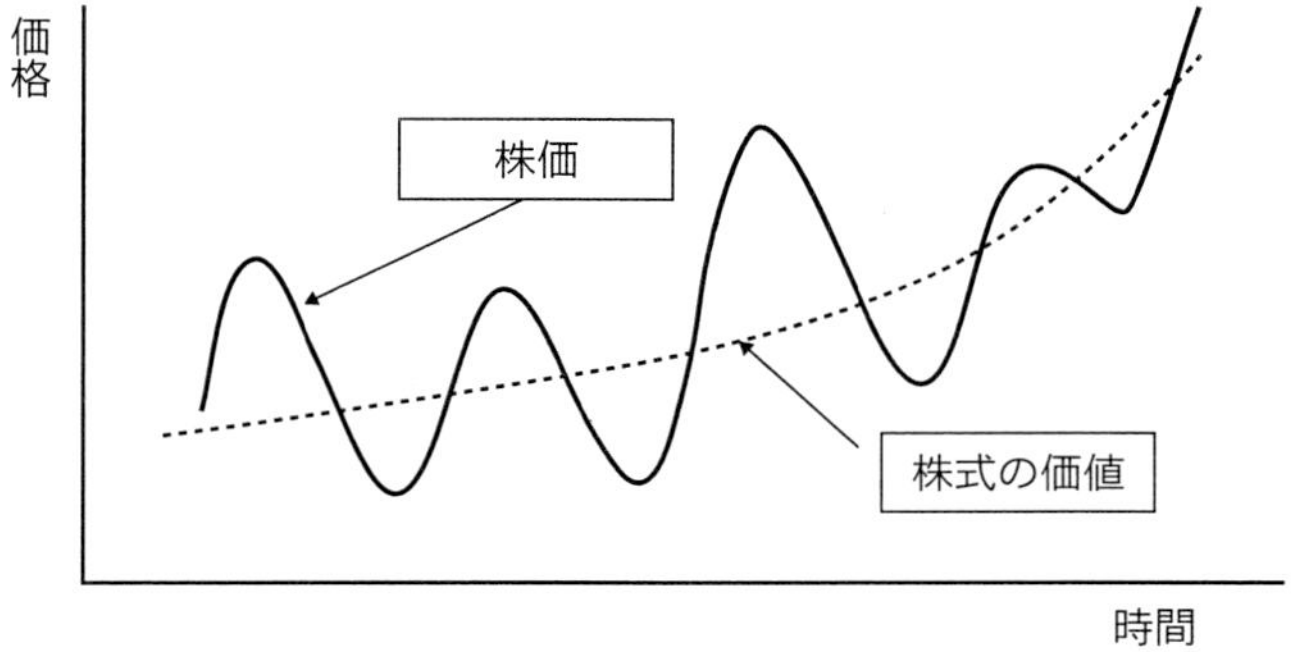

世界中の企業だ。だから、それらの株式にまとめて投資している投資信託を持っていれば、投資信託の価値も右肩上がりで上昇していく。なかなか、世の中の役に立っている企業を買うといっても難しいかもしれない。その点、投資信託で世界中の会社を買ってしまうというのは、簡単で効率的な方法だ。投資信託によって全世界の株式を一口5000円位から買えるのだから、ありがたいことだ。

　君たちは、ベンジャミン・ホフという人が描いた『タオのプーさん』という本を知っているかな。とても良い本なのでおススメだ。その中にこんな文章がある。

小川は森の果てに至るころには、ほとんど川と言っていい大きさになっていた。小さな川だったときは、走り回ったり、とび跳ねたり、しぶきを飛ばしたりしていたけれど、いまは流れもすっかり落ち着き、ゆっくりと進むだけだ。自分がどこへ流れていくかを知っていたから、「急ぐことはない、いずれしかるべきところに着くんだから」と自分に言い聞かせるまでになっていた」

(The Tao of Pooh, Benjamin Hoff, 岡本訳)

まさに、これは人生を通じての投資の心得に通じるものがあると思う。投資は「できるだけ早く、できるだけたくさん儲けよう」とするから難しくなり、大きな損をしたりする。「じっくり時間をかけて、少しずつ増やす」のであれば簡単だし、大けがをすることも少ないのだ。

借金はしないのが良い

すでに複利の効果については話した。複利は絶大な効果があり、時間と共にその効果は大きくなっていく。まさに複利は「福利」だ。ここで図表7—4を見て考えてほしい。君たちが誰かから借金をしたとしよう。そうすると、お金を貸してくれた人は複利の効果でどんどんもうけが大きくなっていく。しかし、これはお金を借りた人が支払う金額がどんどん増えているということでもある。まさに、これは「負・苦」利だ。だから借金はできるだけしないのが良い。お金を借りるということは、ピギーちゃんのおなかに大きな穴が開いてしまったようなものだ。

図表７－４

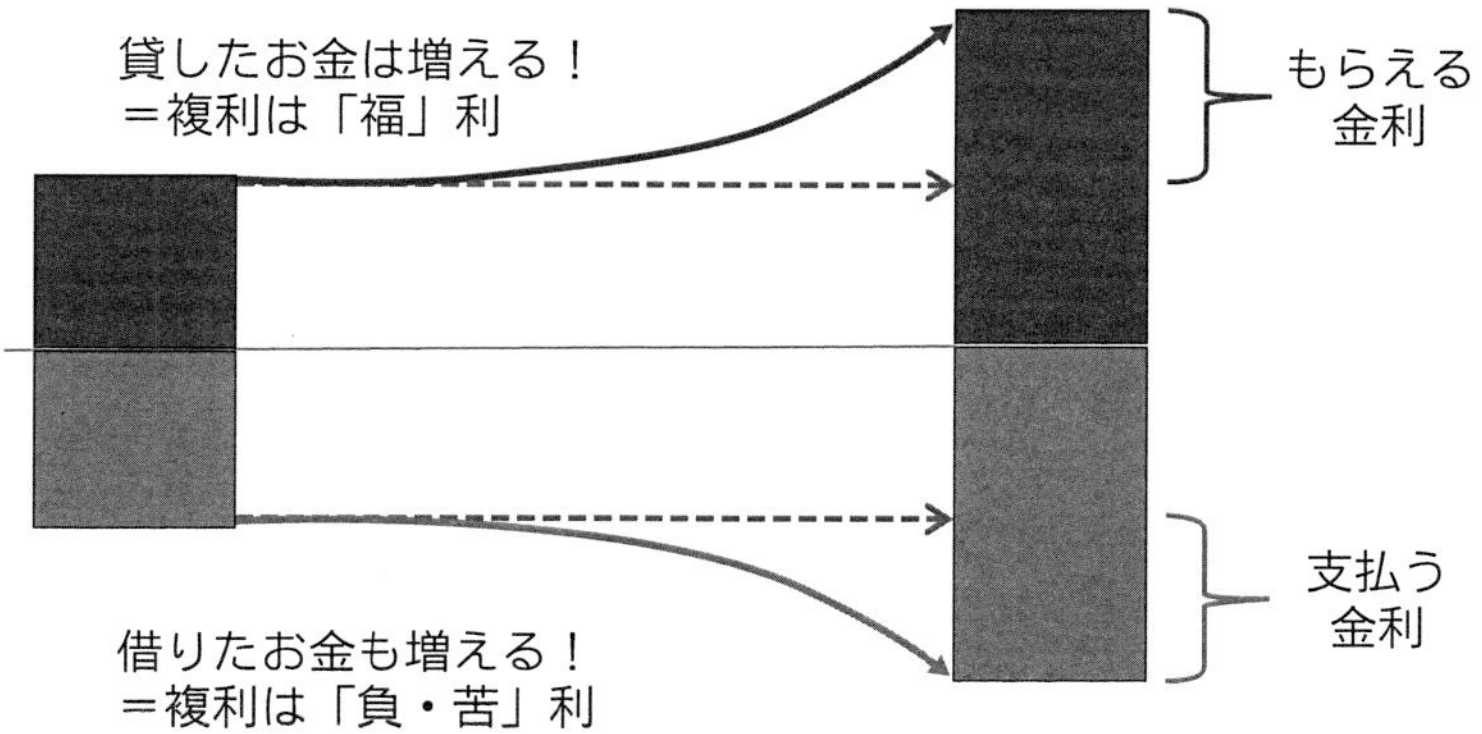
貸したお金は増える！
＝複利は「福」利
もらえる
金利
支払う
金利
借りたお金も増える！
＝複利は「負・苦」利

借金の返済の仕方を考えてみよう。例えば、毎年の金利15％で10万円借りて、それを5年で返済するとしよう。10万円を5年で返すのだから、毎年2万円ずつ返済して、その時の借りている金額、つまり残高に対して金利を払えば良いと思うだろう。その場合、最初は残高が大きく、だんだん額が小さくなっていくので、支払う金利も少なくなっていく。つまり、最初に支払う金額は金利も含めるとかなり大きく、それがだんだん減少していくことになる。これは元金均等返済と呼ばれる方式だ（図表7―5）。しかし、お金を借りるぐらいだから、最初に大きな金額を返済するのは苦しいはずだ。

そこで、支払う額が金利も含めて毎年等しい金額になるようにするのが元利均等返済という返済方式だ（図表7―6）。この場合は、最初のうちの支払いに占める金利の割合が非常に大きい。逆に言えば、元本の返済が少ない。したがって支払う金利も元金均等返済

図表７－５

元金均等返済
毎回同じ元金を返済する方法
（最初は 33,625 円，だんだん減少して
5 回目は 21,625 円を返済する）

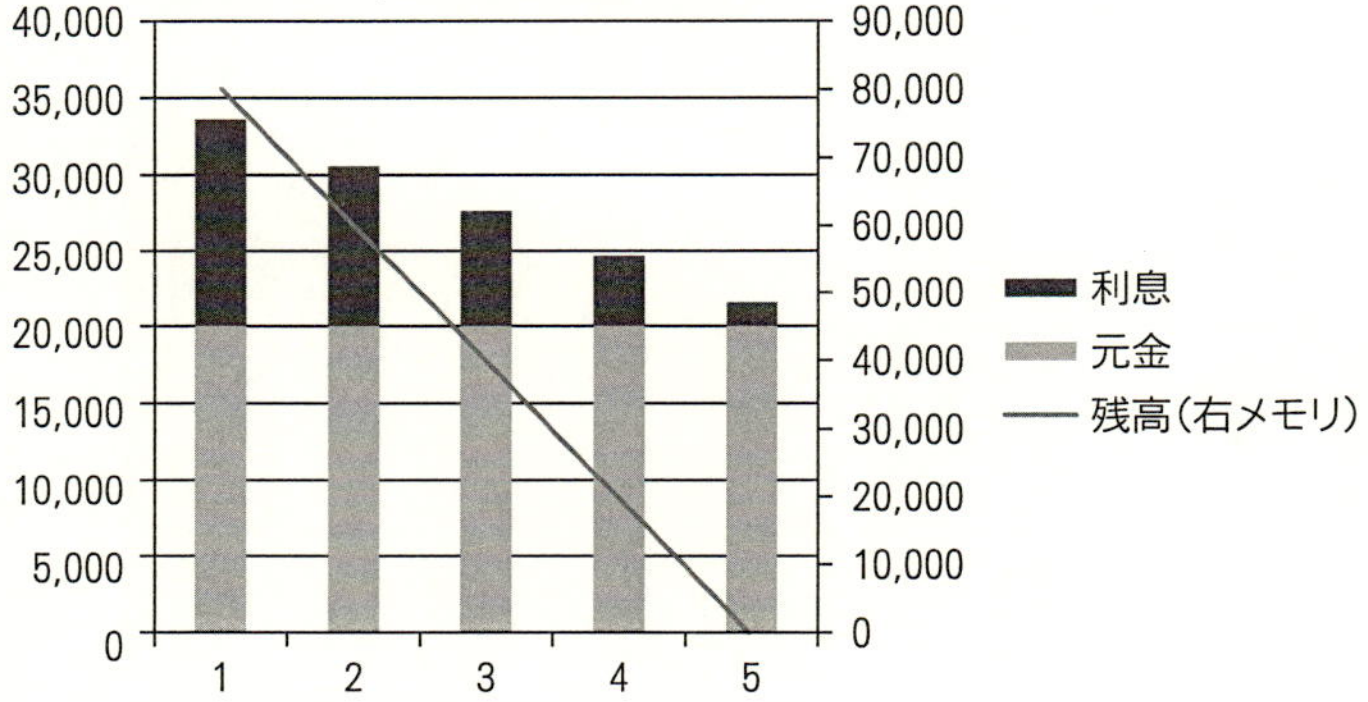

返済額の合計＝138,125 円

図表７－６

元利均等返済
毎回の返済額が同じになるような方法
（毎回 28,548 円を返済する）

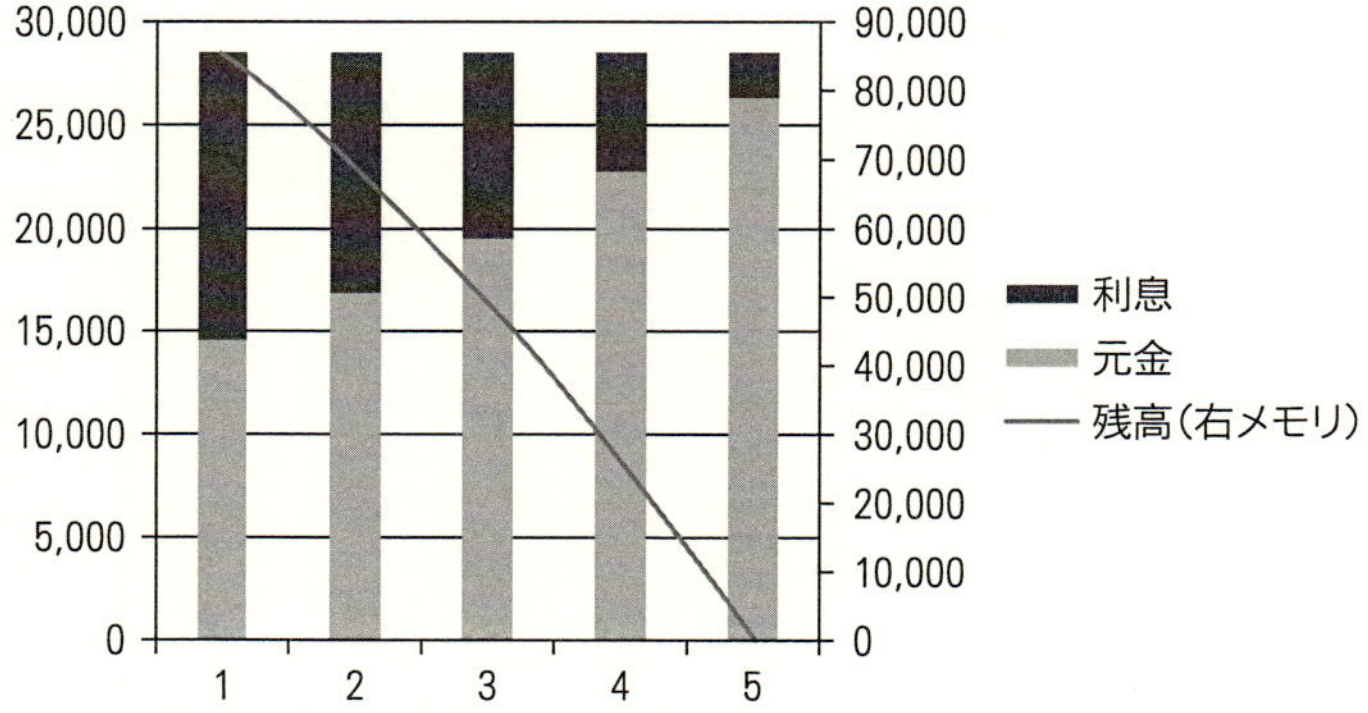

返済額の合計＝142,740 円

図表７－７

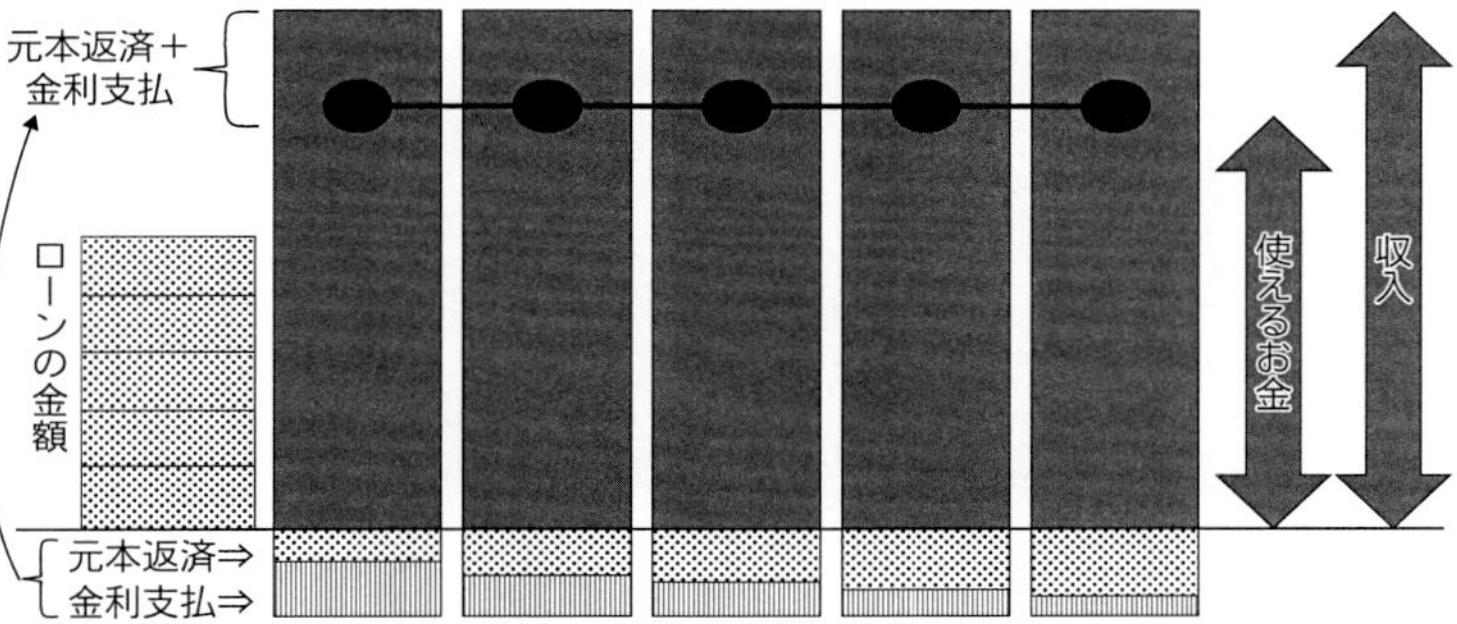

より大きくなる。

その結果を計算すると、元金均等返済では、総額13万8125円、元利均等返済の場合には14万2740円を全体で支払うことになる。元利均等返済は確かに返済をしやすい方式であることは間違いない。しかし、最終的に支払う金額は元金均等返済よりも大きくなることを知っておこう。

借金やローンはできるだけしない方が良い。例えば、図表7－7のローンの金額の部分の借金をして、5年間の元利均等返済をするとしよう。毎年、必死に稼いでもその収入の一部が返済に回り、使えるお金がその分、減ってしまうことになる。

しかも、その返済のお金の総額は、金利を入れると借りた額よりもずっと大きくなる。

ローンにはいろいろな形がある。恐ろしいのは、よほど気をつけないと借金は雪だるま式に膨らんでいき、最後は手におえないような借金地獄に陥る可能性だってあるとい

図表7－8　ローン地獄への道

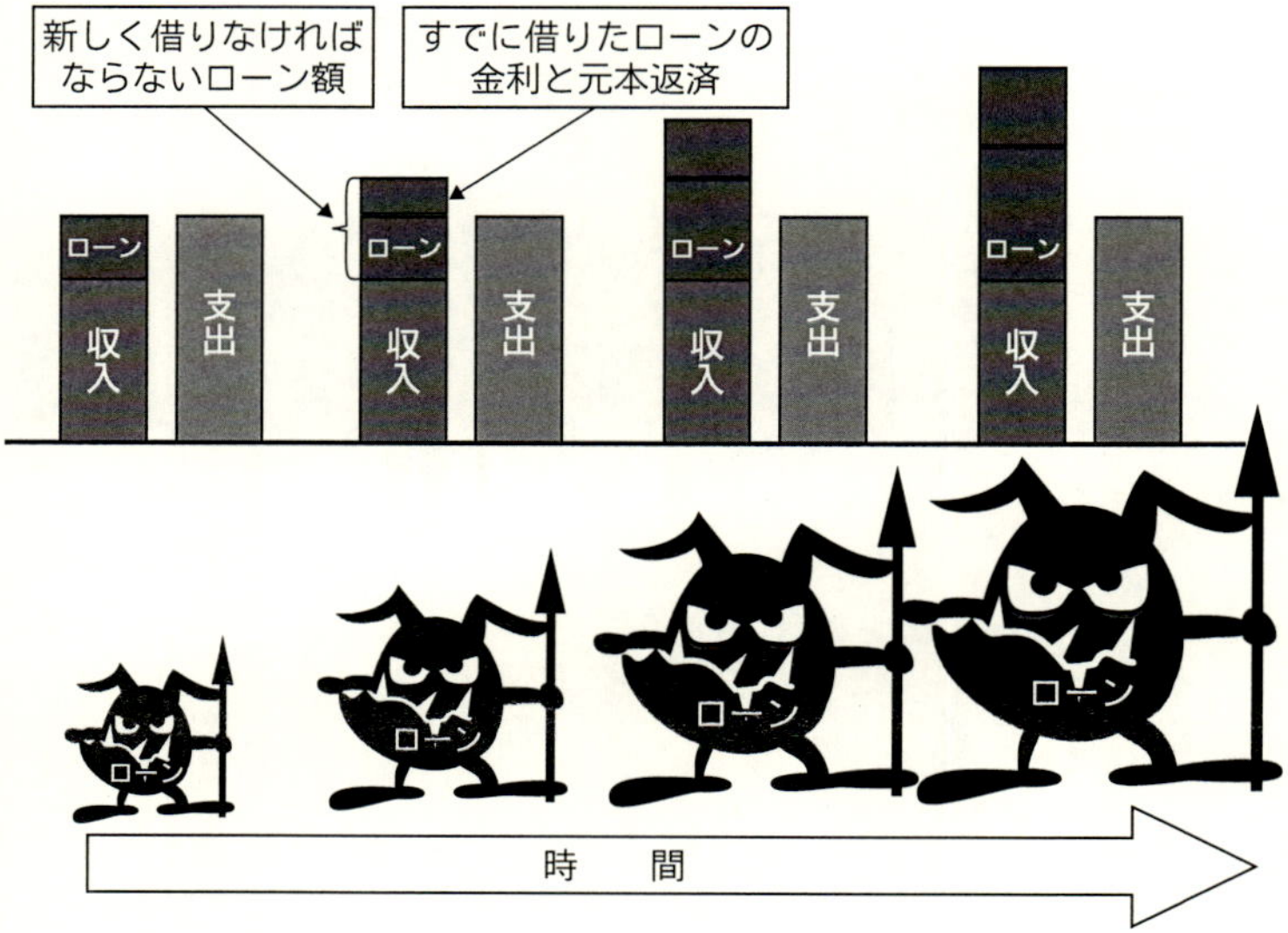

うことだ。クレジット・カードのリボ払いだってローンだということを忘れてはいけない。キャッシングなどを利用して安易に借金をしていると大変なことになる。世の中では「お金を貸します」という宣伝がいくらでもある。でも、借金は「いま、お金を使って、あとでそれを返す」というもの、つまり、「将来の自分をいまの自分が支える」という考え方と真逆の「いまの自分のために将来の自分を犠牲にしている」ということだ。

もちろん、すべての借金が悪いわけではない。例えば、会社が工場を増設するためにお金が必要となり、債券を発行する。その場合には借りたお金が工場になり、それが価値を生み出す。

金利以上の価値を生み出せば、その企業にとっては良い借金だったことになる。住宅ローンを借りて家を買うこともあるだろう。その場合、家そのものは価値を生み出さないが、そこに住んでいる家族が心地良い生活をして仕事や勉強に励むということもあるだろう。しかし、安易にお金を借りて焼肉を食べるという場合には、その借金を返すめどが立たない。そのような借金は良い借金とはいえない。

図表7―8に、ローン地獄への道を書いておこう。まず、毎月の支出が収入よりも大きい状態がある。支出を減らさなければ借金が必要だ。借金をすると、借りた金額以上の支払いが必要となる。だから、支出を減少させなければ、返済を続けるための借金がだんだん大きくなっていく。それが続けば雪だるまのように借金が膨らみ、その結果、消費者金融などの高い金利のローンもしなければならなくなる。さらにはヤミ金融などからも借りることになり、地獄の生活が始まってしまうことになる。

バクチはもうからないようにできている

一発勝負で儲けて借金を返そうとか、あるいは、豪遊をしようと思ってギャンブルをしても、なかなかうまくいくものではない。それは、多くのギャンブルが胴元だけが確実に儲かるもので、ギャンブルをしている人の取り分は、参加者全員が出したお金から胴元の取り分

図表７－９

ギャンブル	胴元のもうけ	ギャンブル	胴元のもうけ
競　馬	約25%	ルーレット	約５％
競　輪	約25%	ブラックジャック	４～－２％
競　艇	約25%	スロットマシン	３～８％
宝くじ	50～60%	パチンコ	３～８％

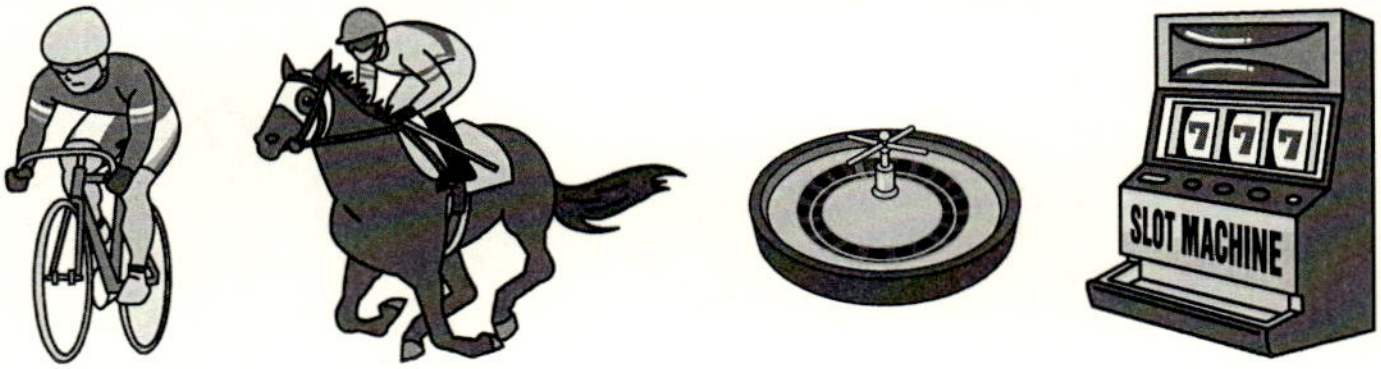

を引いた金額をみんなで分けているに過ぎないからだ。もちろん、その中にはもうかる人もいれば損する人もいる。ただ、ギャンブラー全体としてみれば損をしている。「オレは宝くじでもうかった」、「パチンコでこんなに勝った」というような話を聞くこともあるだろう。その人たちは単に運が良かったということだ。特別のノウハウがあってもうけているのではない。だいたい、みんな、損をしたときのことは口にしない。もうかったときには得意になってみんなに話す。その結果、だれでもギャンブルでもうかるようなイメージを持ってしまう。注意して欲しい。

図表７－９は、いろいろなギャンブルで胴元がいくらとっているかを示している（データ：カイジ『命より重い！お金の話』（サンマーク出版）より）。特に、宝くじの胴元である「財団法人日本宝くじ協会」の取り分はすごいね。これを見ても、ギャンブル参加者の取り分が小さいことがよくわかるだろう。

サギからカモを守るために

世の中にうまい話など絶対に存在しない。一時的に運がよくてもうかることはあるだろう。しかし、それを継続することはできない。時々、すごくおいしい話でカモを狙っているサギがいる。私は、サギからカモを守るための5つのチェック項目を広めている。

1. 異常に高いもうけが約束されている商品
2. なぜもうかるのか自分に理解できない商品
3. 「あなただけが特別にもうかる」という商品
4. もうかった人がたくさんいるような説明をする商品
5. 政府のお墨付きをもらっているような説明をする商品

お金はなくてはならないもの。だから、注意をして付き合わないととんでもないことになる。君たちもお金とは良い付き合いをして、豊かで幸せな人生を送ってもらいたい。

この章の復習

●投資をしていると出てくる3つの魔とはなにか
●株価は株式価値の影であるとはどういうことか
●株式を買うときの2つの方法とはなにか
●元金均等返済と元利均等返済のうち、支払うお金が少なくてすむのはどちらか
●宝くじの胴元がとる金額は、宝くじ全体の売り上げの何割ぐらいか

第8章 学生時代をどう過ごすか

人生は3つの時代に分かれる

日本は、世界の中でも有数の長寿国になっている。男性の平均寿命は約80歳、女性は86歳だ。君たちは今、この長い人生の本当に最初の部分にいる。人生という大きな山に登ることを考えて欲しい（図表8―1）。そう、しあわせ持ちに至る大きな山だ。この山は大きく3つの部分に分かれている。最初は「学びの時代」、次は「働きの時代」、そして最後は「遊びの時代」だ。

君たちが今いるのは、学びの時代。学びの時代というのは、人生の最初の3分の1ぐらいだ。この世に誕生して、息をすることを覚え、食事をとることを覚え、ハイハイができるようになり、歩くことができるようになり、そして学校に入り、勉強をする。就職をした後も最初の数年間は、その仕事を学ぶことが中心だ。先輩たちがバリバリ仕事をしてくれて稼い

図表８－１

絵：ムムリク。

でくれる。その稼ぎの一部を、新入社員が給料としてもらう。つまり、学びの時代というのは、保護者の方のお世話になり、先生のお世話になり、そして仕事の先輩のお世話になる時期だ。その時代にするべきことは、将来、本格的に働きの時代に入った時に、社会に役立つプロとなるための知識や経験を蓄えることだ。だから君たちが今やっている勉強は、すべて君たちの将来のための投資なのだ。

　そして社会に出て「働きの時代」に入る。最初のうちは学びの時代だが、だんだんプロとして仕事ができるようになる。本当に社会の役に立つ専門性の高いプロとして仕事をしていく。良い世の中を創るのは、プロとして活躍をする君たちなのだ。多くの人が家庭を持つだろう。そして、子供も生まれるかもしれない。住宅も必要かもしれない。その上、いずれ将来、退職して、収入がなくなったときのためにお金も準備しておかなければならない。つまり、この時代、とてもお金のかかる時代だ。だからこそ学びの時代に、しっかり良い仕事をして稼ぐ力をつけておくことが大切なのだ。

そして、定年を迎えて退職をしたら、今度は「遊びの時代」になる。遊びの時代といっても、家でダラダラと生活をしているという意味ではない。本当の遊びというのは、自分が一番やりたいことをすると、それがそのまま世の中のためになる、それが本当の遊びだ。そして、みんなから感謝をされる存在になる。「あのおじいちゃん、かっこいいなあ」、「あんなおばあちゃんに私もなりたい」、そんなふうに若い人たちに思われるような存在になる。そのような生き方を見せてあげる。それが遊びの時代だ。そしてそれは、いまの君たちのような学びの世代の人たちに目標を与えることになる。こうして人生というのは、次々とつながっていくんだ。

君たちは今、しあわせ持ちの頂上を目指して、その登山の入り口に入っている。そして、これから長い長い人生という山登りを続けていく。毎日毎日、少しずつ自分を磨いて、世の中のためになることをしてみんなに感謝をされ、しあわせ持ちへの道を進んでいく。昨日よりも今日、今日よりも明日、少しだけでいいから進化をしていって欲しい。そして、毎年、誕生日が来るたびに君たちの心の中で、達成感、満足感、幸福感を味わえるようにして欲しい。毎年、しあわせが貯まっていくような生き方をしていると、人生の最後の日を迎えた時、君たちは一番しあわせな時を迎えることができる。私自身、そのような人生を歩んでいきたいと願っている。

将来の自分はいまの自分が支える

日本の平均寿命が伸びて、長寿化しているということは、君たちも知っているだろう。それはとてもおめでたいことだ。しかし、同時に、少子化という現象も起こっている。つまり、子供の数が減っているのだ。父親と母親が1人の子供を持ったとすると、それが続いていけば、いずれ人口は半分になってしまう。人口が維持されていくためには、少なくとも父親と母親2人の間で、2人以上の子供がいなければならない。でも、2013年の統計では、日本では平均して1人の女性が一生のうちに産む子供の数は、1・43人しかいない。2人の親から1・43人の子供しか生まれないなら、人口は減っていくね。

高齢の人たちは多くの場合、すでに仕事から引退している。引退をしても、生活をするにはお金がかかる。若いときにはかからなかった医療費や介護費も、たくさんかかるようになる。現在、日本には、65歳以上の人1人に対して、20歳から64歳の間の人が約2・1人いる。

図表８－２

何人の働く人（20歳～64歳）が
1人の65歳以上の人を支えるか

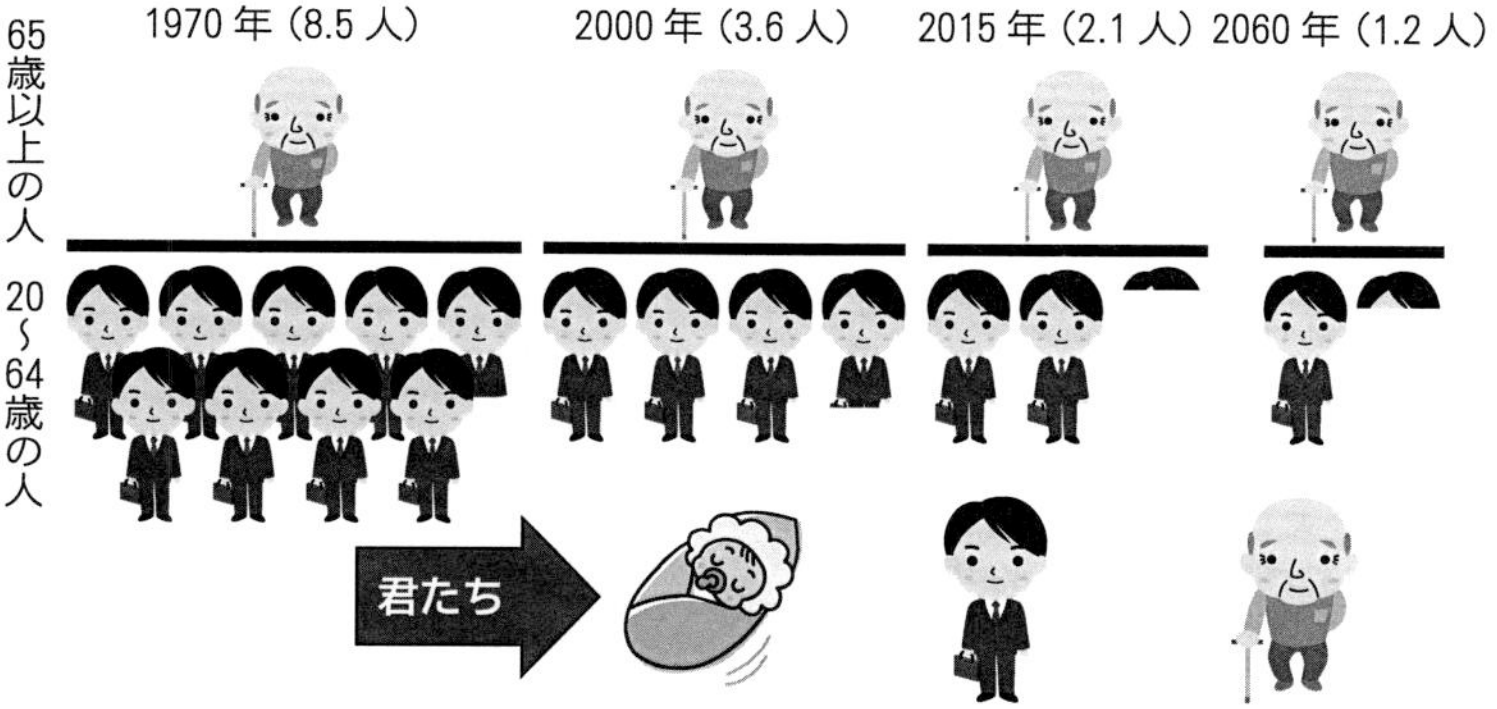

君たちが生まれた２０００年頃には３・６人の人がいた。君たちの保護者の方は多分、１９７０年頃に生まれたと思う。その当時は８・５人の働く人がいた。これを見ても、少子高齢化というのが深刻な問題であることがわかると思う。それでは、君たち自身が高齢者にずっと近づく２０６０年にはどうなっているだろう。その時の高齢者、つまりそれは君たちなのだが、１人を支えてくれる働く世代は１・２人しかいない（図表８―２）。

つまり、君たちが歳をとったとき、君たちを支えてくれる働き盛りの人たちは非常に少なくなっているということだ。つまり、日本という国として、高齢者を支える余裕がなくなるという現実がある。会社も、日本の経済が成熟しているので、昔のように高度成長することは難しい。たしかに年金の制度は続く。でも、年金でもらえる金額は小さくなり、しかも、もらい始めることのできる年齢は遅れていくだろう。会社も、グローバル化で外国の企業との競争にさらされている。だから、会社を退職した人の面倒までみることもできなくなる。

では、どうしたらいいのだろう。それは、国や会社に依存するのではなく、若いうちから将来の自分を支える準備をしておくという以外に方法がない。つまり、「いまの自分が将来の自分を支える」のだ。そのために、君たちは学びの時代にしっかり稼ぐ力をつけ、働きの時代にうんと世の中のためになることをして、収入を得て、その収入の一部を投資に回して、時間をかけて資金を大きく増やす。そして、その資金で世の中のためになる遊びの時代を過ごすことが、とても重要になってきている。そのような気持ちで、勉強や仕事やお金と向き合ってもらいたい。

効率の良い聞き方、話し方

●君たちの頭の中は？

ここで、君たちの頭の中を整理する方法について教えてあげよう。君たちの机の上は、図表8―3の絵のどちらだろう。左のような状態かな？　それとも右のように整理整頓されているかな？　いいことを教えよう、君たちの机の上の状態は、君たちの頭の中の状態の表れだ。つまり、左のような机の人の頭の中は、相当混乱していて、何がどこにあるかもわから

図表8－3

ない状態だと言えよう。右のような机の人の頭の中はきちんと分類されているから、何がどこにあるか簡単にわかる。

私も、昔は頭の中が混乱することがしばしばあった。特に、やらなければならないことがたくさんあるときなど、パニック状態になったものだ。夜中に目が覚めたり、うなされたりすることもあった。昼間も、いつもあたふたとしていて不注意な間違いも多かった。

そんな状態になっていたある時、ふっと、いましなければならないことをすべてノートに書いてみた。書き出してみると、意外に少なかった。左の机の上のようにごちゃごちゃになっているときは混乱状態だったけど、まとめてみると本当に大切なことがクリアになってきた。「なんだ、これを1つずつこなしていけばいいのか」と思ったら、気持ちが落ち着いてきた。

君たちは、「やりたいこと」と「やらなければならない」ことがごっちゃになっているだろう。つい、人間は「やりたいこと」から手を付けてしまう。そして、時間がなくなってから「やらなければならないこと」に取り掛かる。だから、パニックになるのだ。「やらなければならないこと」は、やりたいとか、やりたくないということと関係なく、やらなければならない。だから、まずそれを済ませてしまうことだ。そして、そのあとで自分のやりたいことを始める。

大きな石と小石がたくさんあるとしよう。それをビンの中に詰める作業を考えてみよう。ビンの大きさは、だいたい大きな石と小さな石の体積の合計に等しいと考えよう。最初に小さな石を入れてしまうと、大きな石ははみ出てしまう。でも最初に大きな石を入れて、その後で小さな石を振りかけるように入れていくと、すっきりと入る。大きな石はやらなければならない重要なこと、小さな石はやりたいことだ。この例でもわかるように、まずやらなければならないことを済ます。その後にやりたいことをする。これはとても効果的な方法だ。

●なんでも3ポイント法

「なんでも3ポイント法」というのは、アメリカで仕事をしていたときにアメリカ人の友人から教えてもらった方法だ。彼は会議を終えると必ず、「いまの会議で最も重要だった3つのポイントはなんだろう」と私に聞くのだ。これを続けているうちに、これは非常に効果的な方法であることを発見した。どんな会議でも、最も重要なポイントというのは、だいたい3つぐらいにまとまるものだ。会議の後で3つのポイントを選ぶと、そのミーティングの内容を復習したことになり要点がはっきりしてくる。したがって、その3ポイントは記憶に残る。さらに後になって3ポイントを思い出すと、そのときポイントを絞り込んだプロセスが記憶によみがえり、そのミーティング全体の印象が浮かび上がってくる。君たちの場合、会議の代わりに授業と考えれば良い。「いまの授業で、先生が最も大切だと考えていることはなんだろう」とね。

この方法は、非常に幅広い分野で応用できることがすぐわかる。授業でなくても、本を読んだとき、テレビの番組を観たとき、その内容を3ポイントにまとめておく。さらに、この方法は、自分が情報を発信するときにも非常に有効だ。例えば、保護者の方に何かをお願いしたいとき、どのような3ポイントで説得をするかをあらかじめ考えておき、それを強調して話をする。これを私は「なんでも3ポイント法」と呼んでいる。

●「ミニマム2－マキシマム4」法

これは、私が2000年ごろにアメリカの元大統領のメディア・コンサルタントを務めたこともある人から教えてもらった方法だ。人に何かを説得するときには、テーマに合わせ最も重要な事項を少くとも2つ、最大4つ選んでおき、会話や話の中でそれを何度も何度も繰り返す。相手が質問をしてきたら、答えをすべてこの「ミニマム2－マキシマム4」の項目のどれかに関連づけて答える。1つでは少なすぎてダメ、といって、5つでは多すぎてダメ。最低2つ、最大4つだ。メッセージはできるだけ明確でインパクトがあり、また、それを何度も繰り返すことが必要だ。

図表８－４

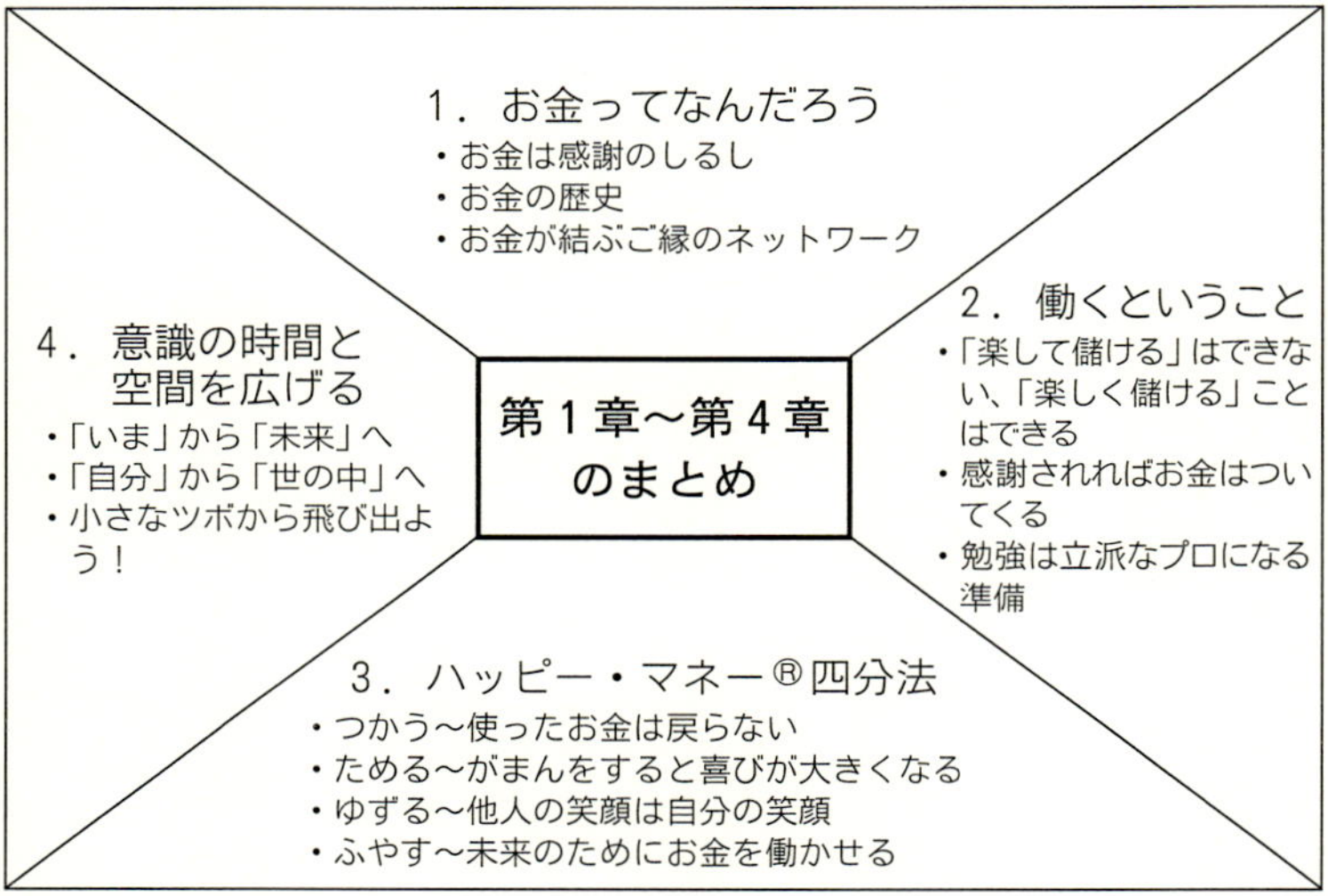
第１章～第４章のまとめ
1．お金ってなんだろう
・お金は感謝のしるし
・お金の歴史
・お金が結ぶご縁のネットワーク
2．働くということ
・「楽して儲ける」はできない、「楽しく儲ける」ことはできる
・感謝されればお金はついてくる
・勉強は立派なプロになる準備
3．ハッピー・マネー®四分法
・つかう～使ったお金は戻らない
・ためる～がまんをすると喜びが大きくなる
・ゆずる～他人の笑顔は自分の笑顔
・ふやす～未来のためにお金を働かせる
4．意識の時間と空間を広げる
・「いま」から「未来」へ
・「自分」から「世の中」へ
・小さなツボから飛び出よう！

日本では、昔からストーリーを作るときに「起承転結」ということをいう。「起」はテーマの提示、「承」はテーマを受けてその解説、「転」でひとひねりした変化を加え話をもり上げる、そして「結」で結論を述べる。これはもともと、漢詩の構成に由来する方法だ。それほど厳密である必要はないと思うが、やはり1つのストーリーは4つぐらいの部分から出来上がっているのが、一番上手に伝えられると思う。つまり、聞いている人の頭の中にすんなり入っていく。これはマキシマム4を意識した話の伝え方だ。そして、その4つの部分それぞれに、最も重要な3～4ポイントを考えておく。

参考までに、私の話の第1章から第4章までをまとめてみたのが図表8－4だ。参考にしてほしい。

私が人生で学んできたこと

●戦災、そして復興

最初に、私が生まれた1946年の東京近郊の廃墟の写真を見せたね。私が生まれたのは、戦争が終わった翌年だった。戦争中、私の生まれた家も、アメリカ軍が落とした焼夷弾で焼けたそうだ。父が残した日記を見ると、近所の人たちがみんなで力を合わせて爆撃による火事を消したことが詳しく書いてある。もちろん、消防署も警察も軍隊も来てくれない。だから自分たちで火を消さなければならなかったのだ。私が生まれた家の台所にはそんな焼け跡がまだ残っていた。

ちなみにこの年、漫画の「サザエさん」の連載が始まった。当時の「サザエさん」を見ていると、みんな貧しく、生活も苦しいけれど、戦争が終わってホッとしていることが感じられる。物も足りないし、家もボロボロだけど、少しずつ復興は始まりだしていた。

小学生の頃になると、少しずつ生活が安定してきた。よく覚えているのは、学校で出た給食だ。アメリカ軍からもらった脱脂粉乳で作ったミルク。これがものすごくまずかったし、コッペパンも硬かった。でも、食べるものがあっただけマシだった。私が小学校に入る前の年から始まった漫画が「鉄腕アトム」だった。

小学校の高学年ぐらいになると、少しずつ生活も良くなってきた。日本が戦争の廃墟から立ち直り、どんどん回復をしている時だった。そのころに家庭の中に入ってきたものが「三種の神器」と呼ばれる3つの家電製品だった（図表8－5）。1つは白黒テレビ。最初は街の中に1台か2台ぐらいしかなくって、テレビのある家にはたくさんの人が押し寄せてきて、力道山の出るプロレスなどを見たものだ。それから電気冷蔵庫。それまでも冷蔵庫はあった。木の箱で、街には氷屋さんがあり、そこで四角い大きな氷のかたまりを買ってくる。そしてその氷を冷蔵庫の上の段に入れておくと、冷たい空気が下り、食べ物や飲み物を冷やしてくれた。それが電気で氷が作れるようになったというのだから、それはそれは便利だった。そして3つ目が電気洗濯機。それまでは、みんな、たらいと洗濯板で洗濯をしていた。今みたいに、蛇口をひねれば温かいお湯が出てくるという時代ではない。だから冬の寒い日でも、冷たい水をたらいにはって洗濯をする。だから私の母の手は、いつも真っ赤にあかぎれがしていた。そ

図表8－5

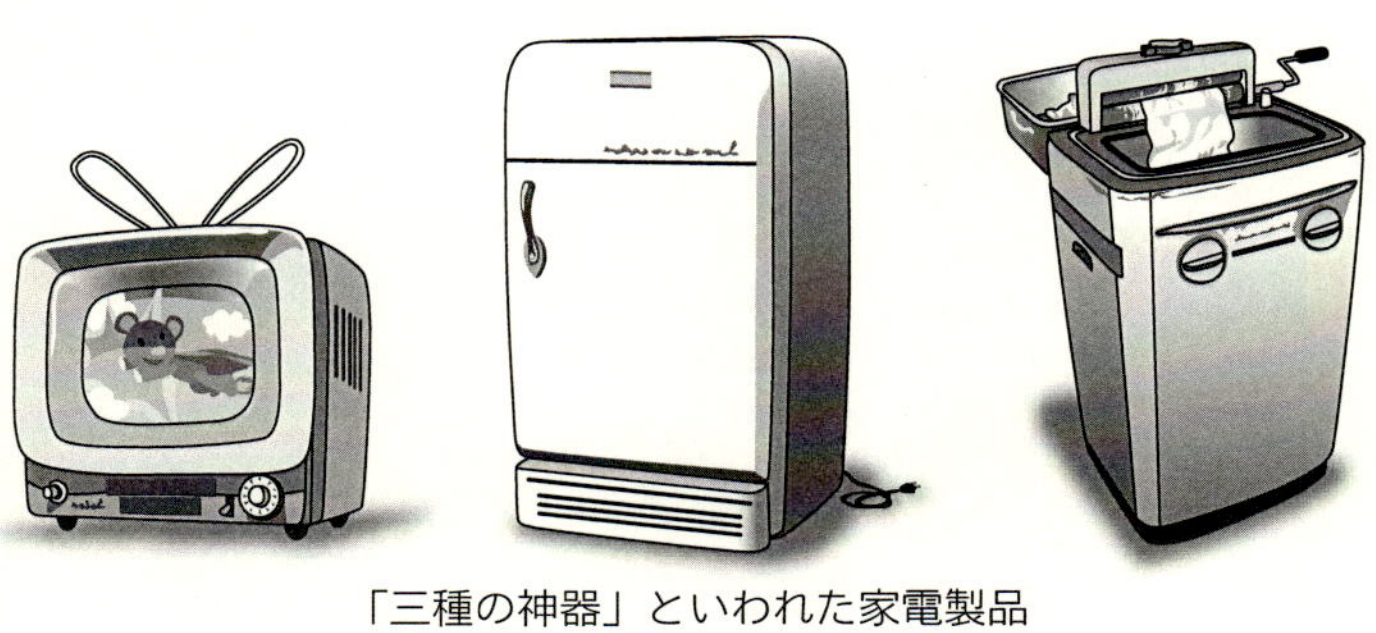

「三種の神器」といわれた家電製品

れが電気で洗濯ができるようになったのだから、とてもとても楽になった。

小学校6年生の時に、東京タワーが完成した。世界で一番高いタワー、フランスのエッフェル塔よりも高い。当時は、日本の中にあまり世界一というものがなかった。だから、東京タワーという世界一の塔ができたというのは、とても嬉しいことだった。私もすぐ東京タワーに行って、歩いて展望台まで登っていったものだ。今、私のオフィスは、東京タワーのよく見えるところにある。そして、いつも東京タワーを見る時に、その頃のことを思い出す。戦争で負けてボロボロになって、でも、みんな必死にがんばって、少しずつ日本は良くなっていった。生活は楽ではなかったけれど、何とかやっていけるようになってきた。本当に平和はありがたいなと思った。そのころはやっていた漫画が「月光仮面」だった。

●Be a Peace Maker !

中学校の2年の時に、とても素晴らしい英語の先生が私に非常に大きな影響を与えてくれた。その先生は、人間にとって大切なことは「愛と誠実と努力」だといつも言っていた。私たちが中学校を卒業する最後の授業の時、その先生は黒板いっぱいに大きな字で「Be a peace maker !」と書いた。つまり「世界を平和にする人になりなさい」ということだ。本当に日本人の生活にとって、平和がいかに大切だったか、いかにありがたいものだったかがこのことからもわかるだろう。もしかしたら、君たちも、そして大人も、平和というものに慣れすぎてしまっているのかもしれない。でも、世界のいろいろなところで、まだまだ厳しい戦争の犠牲になっている人たちがたくさんいる。世の中が少しでも平和になるために、私たちは一生懸命勉強して、社会に出て良い世の中を創るための仕事をしなければいけないのだなと思ったものだ。

高校に入って3年生になったときに、東京オリンピックがあった。アジアで初めてのオリンピック。そして、世界中からたくさんのお客様が日本にやってきた。東海道新幹線が完成し、首都高速も出来上がり、海外からお客様が来ても恥ずかしくないような都市が出来上がっていった。オリンピックでは、日本の選手たちが頑張ってたくさんの金メダルを取った。まさにオリンピックは「平和の祭典」だった。私は、その時ちょうど受験中だったので、オリンピックの試合を見に行くことはできなかったけれど、日本選手の活躍はとてもうれしく思った。そのころはやった漫画が「おそ松くん」だった。

●ベトナム戦争で苦しむアメリカの学生たち

受験をして日本の大学に入学ができた。そこですぐに2年間の休学をさせてもらい、アメリカのニューヨークにあるコロンビア大学（図表8―6）に留学することになった。私は、中学、高校と英語が好きで、英会話も少しは練習をしていた。でも、アメリカに着くと、最初は英語が全然わからなかった。受験で勉強した英語は、日常会話にはあまり役に立たなか

図表８－６　ニューヨークのコロンビア大学

った。授業も全然わからないので、とても不安な気持ちだった。でも10カ月ぐらいたった時から、少しずつ授業もわかるようになってきた。

　私がアメリカの大学に行ったのは、１９６５年から１９６７年だった。その当時、アメリカは決して良い状態ではなかった。なぜなら、アメリカはベトナム戦争の泥沼にどんどん入っていたからだ。当時、世界は、アメリカとソ連という２つの大国がにらみ合いを続けていた。多くの人が、第三次世界大戦が起こるのではないかと心配をしていた。そのころベトナムは、北ベトナムと南ベトナムに分かれていた。北ベトナムはソ連が、南ベトナムはアメリカが支援をしていた。そして、北ベトナムと南ベトナムという２つの国は、ソ連とアメリカという大国の代理戦争の場になっていたのだ。ベトナム人同士が北と南に分かれて戦っていた。私が受験中だった１９６５年、アメリカが北ベトナムを爆撃した。そしてその戦火はどんどん拡大をして、たくさんの兵隊がアメリカから南ベトナムに送られ、北ベトナムのゲリラとの戦いを繰り広げていた。

　その頃、アメリカでは、すべての男子は18歳になると徴兵局というところに行き登録をしなければならなかった。登録をすると、国から命令がくれば、いつでも戦争に行かねばならない。もちろん、登録をしなかったり戦争に行くのを拒否したりすれば、逮捕されてしまう。そして、戦争に行かされれば、知らない人と銃で撃ち合わなければならない。個人的には何のうらみもない知らない人を殺さなければいけない。もちろん、知らない人に殺されるかもしれなかった。

私が行った大学でも、みんな18歳になると徴兵局に行って登録をしていた。18歳になったルームメイトに「誕生日おめでとう」と言ったら、「いや、おめでたくない。これから徴兵局に登録に行かなければならないんだ」と答えていた。大学の中でも「成績の悪い順に戦争に行かされる」というようなうわさが流れていた。だから、学校も、アメリカという国も、雰囲気は非常に重苦しいものがあった。特に学生たちは、いつ戦争に行かされるかわからなかったので、まさに戦々恐々としていた。そして戦争に反対をしようということで反戦の集会があり、キャンパスには反戦歌が鳴り響いている毎日だった。

●日本で平和のありがたさを実感

2年間の留学を終えて、日本の大学に戻った。日本の大学のなんと雰囲気の明るいことだろう。アメリカの大学と全然違う。日本は、憲法で戦争に参加することはない。だから学生たちも戦争に行かされる心配もない。アメリカでみんなが悲痛な声で歌っていた反戦歌を、明るく楽しそうにみんなで歌っているのにびっくりした。日本では、反戦歌も単なるアメリカのはやり歌だった。本当に「平和はありがたいものなんだなぁ」ということをとても強く感じた。それで、何とか自分も、世界の人たちが安心して心地よく暮らせる社会を創る仕事をしたいものだと思うようになってきた。

私も君たちに強く言いたい。それは、君たちが人生を通じて、とにかく世界が平和になるように貢献してもらいたいということだ。急に「世界平和」といっても難しいだろう。でも、その第一歩は、自分の周りの人たちをしあわせにしてあげること。みんなが笑顔になれるようにすることだ。そして、「いま」だけではなくて、未来に生まれてくる子孫たちもしあわせになれるような社会を作る。ピギーちゃんのハッピー・マネー教室で「意識の時間と空間を広げる」ということを言ったね。より多くの人たちが、いつまでもしあわせになれるようにする、それがハッピー・マネー四分法の目的なんだ。だから、君たちも将来、自分たちの仕事を通じて、みんながいつまでもしあわせになれるような社会を作ってほしい。それをとても強く願っている。

私がいま、思うこと

●「いまの自分に都合の悪いことを悪いことだと思わない、いまの自分に都合の良いことを良いことだと思わない」

私は今まで生きてきて、それなりにいろいろな体験をしてきた。そして強く思うことは、人間というのは、毎日毎日その時にできることを、一生懸命、真面目に行えば、必ず良い結果が出てくるということだ。「人間万事塞翁が馬《じんかんばんじさいおううま》」という中国の教えがある。それはこんな話だ。昔、中国に塞翁というおじいさんがいた。そのおじいさんが飼っていた大事な馬が、あるとき逃げてしまった。みんなは気の毒がったけれども、おじいさんは平気だった。そのうち、その馬はとても素晴らしい別の馬を連れてかえってきた。みんなが「よかったね」と言ってお祝いをすると、そのおじいさんは「これは不幸のもとになるかもしれない」と言った。彼の予言のとおり、そのおじいさんの息子が馬に乗っていると、落馬して足の骨を折ってしまった。みんながお見舞いに行くと、今度はそのおじいさんが「これはきっと幸福のもとになるだろう」と言った。それからしばらくたって、戦争が始まった。若者たちはみんな戦争に行かされて死んでしまった。しかし、老人の息子は足が不自由だったので戦争に行かないですみ、戦死をしないで済んだ。

図表8－7　人間万事塞翁が馬

このたとえ話のように、その時はよくないことだと思われることも、後になってみると、かえってよかったということは、人生の中ではしばしばあることだ（図表8－7）。今の自分にとっては辛いこと、苦しいこと、嫌なことであってもじっと我慢をして、一生懸命それを続けていれば、いつかそれが本当に自分にとってとても良いことに変わってくることはいくらでもある。君たちもきっと、たくさんの苦しいことや辛いことがあるかもしれない。でも、そこでくじけないで毎日を一生懸命生きていれば、それが良い結果をうむということはいくらでもある。

●「目の前に与えられたことを、いつも一生懸命にする」

過去に起こってしまったことを変えることはできない。でも、これから起こることは変えることができる。将来をより良いものにするためには、将来、頑張ればいいのではない。今、目の前に与えられたことを一生懸命することが必要だ。なぜなら、将来の良いことの種は、今、まいておかなければならないからだ。種をまかなければ、根も出ないし、芽も出ない。大きな木も育たない。実がなることもない。とにかく足もとのことを一生懸命にする。そうして出てきた結果が、自分にとって最善の結果なのだ。

●「成功から学べることは少ない、失敗から学ぶことは多い」

何かを一生懸命やっていても、いろいろ苦労しても、失敗をすることはよくある。でも、失敗というのはとてもありがたいことだ。なぜなら、失敗からは学べることがたくさんあるからだ。逆に、簡単に成功してしまうと、そこから学ぶことはあまりない。失敗をしたら「ありがたいな」と思い、なぜ失敗したかをよく考えてみる。そうすることによって、自分がより成功に近づいていくことができる。逆に簡単に成功してしまうと、「世の中、こんなものか」と甘い考えを持つようになって、将来、大きな失敗をしてしまうかもしれない。特に「学びの時代」には、失敗を恐れずにどんどん、いろいろなことにチャレンジして欲しいものだ。

●最大の努力で得た結果が最高の結果

とにかく足もとにある課題に、最大の努力で取り組む。それが大切。そのような努力をして得られた結果が、自分にとって最良のものだ。結果が出るまでには時間がかかる。結果が出たときには、自分も変わっているかもしれないし、周りも変わっているかもしれない。だから、その時に状況がどうなっているかを予測して良い結果を出そうとしても、それはそう簡単にうまくいくものではない。それよりも何よりも、今やらなければならないことを一生懸命にやる。今やらなければならないことは、天から与えられた宿題のようなものだ。それを一生懸命行えば、将来の時点で一番いい結果を与えられる。これは天が与えてくれた宿題をきちんとしたご褒美だと考えれば良い。

●「苦しいことをすれば強くなれる」

受験勉強はとても苦しい、辛いものだと君たちは思っているだろう。でも、考えてごらん。どんなスポーツや楽器の練習でも、練習はみんな辛いものだ。でも、辛くて苦しい練習を続けていけば、自分の技術は必ず向上していく。人生もまったく同じだ。辛いこと、苦しいことを続けていくことで、自分が強くなれる。そして、力強い人生を歩んで成功に向かっていくことができる。苦しいことをするのはとても大切なことだし、とても良いことなのだ。苦しくても、それが不幸だとか、不運だと思ってはいけない。世の中に不幸とか不運なんてない、チャレンジがあるだけだ。生きるということは、チャレンジをすることなのだから。

●「伸び悩んでいると感じているときこそ上達している」

勉強でも、スポーツでも、楽器でも、練習をしていると、「ちっとも上達しないな」と思う時が必ずある。私も長い間、クラシック・ギターを弾いているが、1つの曲を練習していると、いつまでたっても上手に弾けるようにならない時期がある。でも、一生懸命、練習を続けていると、ある時、「アレ、弾けるようになっている」と思うことがある。

なかなか上達しないと思っているときは、実は自分の実力よりも目標がかなり高い時だ。目標が高いので、なかなか上達しないと感じる。上達したと思うときは、自分の実力が目標を上回ってきている時だ。このようなときには上達していない。つまり、なかなか上手くならないと思っている時こそ、実はとても良いことが起こっているのだ。

私が初めてアメリカに行ったとき、英語が全然わからなかった。でも、できるだけアメリカ人の友だちと話をしていると、ある時、「結構、わかるようになったな」と思う時がある。「わからない、わからない」と思うときは英語が上達している時だ。「わかるようになった」と思うときは上達が止まっている。しばらくたつと、また自分の目標が一段上に上がって「わからない、わからない」と思うようになる。つまり、大切なことは努力を続けていくこと、それによって必ず結果はついてくる。

●「勇気はもらうものではない」

よく、スポーツの選手がオリンピックなどでがんばるのを見て、「勇気をもらった」と言う人がいる。「彼はあんなにがんばった。私もがんばろう」という意味なのだろう。でも、私はあんまりこのセリフが好きではない。選手たちはたいへんな努力をして、苦しいトレーニングを積んで結果を出しているのだ。勇気だけで結果が出ているわけではない。人から勇気をもらうのではなく、人に勇気を与えるような努力をすることこそが成功への道だ。勇気はもらうものではない。自分の努力の結果として出てくるものだ。

●パワースポットは心の中にある

最近は、パワースポットがブームだという。面白いことに、パワースポットに行くとエネルギーがもらえるように思っている人も多いようだ。確かに、大自然の中の静かなところで静かな心になっていると元気が出てくる。でも、よく考えてごらん。エネルギーはパワースポットから出るのではなくって、君たちの心の中から湧き上がってきているんだ。本当のパワースポットは、君たちの心の中にある。どこにも行く必要はない。

人間、毎日暮らしていれば体は疲れる。そして、心だっていろいろな刺激を受けて疲れる。睡眠中だって夢を見て、目が覚めたら寝汗をかいていたなんてこともある。だから、体も、心も、意識的に休ませてあげることが必要だ。1日のうち3分でも5分でもいいから目を閉じて静かにしているだけで、自分の中のパワースポットからエネルギーが湧き出てくることがわかる。目を軽く閉じて、柔らかく静かな呼吸をしばらく続ける。それだけで心の中が静かになり、心が休まってくるのがわかる。1日のうち少しでもいいから、静かな時間をもって心を休ませてあげることがとても大事だと思う。元気な心になると、自分の行動が非常に効率的になってくるだろう。

●夢はやってくるもの

将来に対する夢を持てということを、多くの人が言う。確かに野球のイチロー選手や卓球の愛ちゃんのように、小さいころから自分がどうなりたいかという夢を持って練習を積んで成功する人たちもいる。でも、普通の人はそう簡単に将来の夢など描けるものではない。私だって、中学や高校のころは「何になりたい」という具体的な夢はなかった。だから、その時にやらなければならないことを、しっかりとやろうとした。そうして、就職をして一生懸命に仕事をしていたら、だんだん「自分はこれをするために生まれてきたんだ」ということがわかる仕事と出会えた。夢だけを追い求めても、どうにもなるものではない。とにかく、毎日を真面目に一生懸命に生きること、昨日の自分よりも今日の自分が、今日の自分よりも明日の自分の方が、少しでもいいので進化しているような生活をして欲しい。そうしていれば、夢の方が君たちを見つけてやってきてくれるよ。

ただし、せっかく夢が君たちを見つけてやってきてくれても、行動がなければそれは単なる夢で終わってしまう。夢は実現してこそ意味がある。そして、実現するためには、体も脳も汗をかかなければならない。大きな夢であるほど、たくさんの汗が必要だ。

●こころをプラスの思考でいっぱいにしよう

こころの中に、マイナスの思考や悪い思いが浮かんで来たら、スルーしてしまおう。そうすれば、こころの中はいつも前向きな、良い思考でいっぱいになる。こころがプラス思考でいっぱいになれば、どんなことにも前向きになれる。ちょっと「嫌な奴だな」と思ったら、そんなことは忘れてしまおう。「嫌な奴」というのは、自分が勝手にそう思っているだけなのだ。こちらが本当に相手を好きになれば、相手も好きになってくれる。どうしても嫌なことをする人がいたら、「なぜ、あの人はそういうことをするのだろう」と、相手の身になって考えてあげよう。悪いことをする人がいたら、「かわいそうに、どうしてあんな悪いことをするのだろう」と思ってみよう。そうしていることで、「自分」というツボから君たちの意識が他の人たちへと広がっていく。

●意見が違うからといって敵ではない

人間は千差万別。1人として同じ人間はいない。だから、意見もみんな違ってあたりまえだ。意見が違うからといって相手を敵にしていたら、世界中の人がみんな敵になってしまう。また、自分がいつも絶対に正しいとは限らない。自分と違う意見もよく聞いてみて、自分の考えとどう違うのか、なぜ違うのかを冷静に考えてみる。自分と違う意見を持つ他人の話をよく聞いてみると、とても良い勉強になる。意見の違う人たちは、君たちに貴重なことを教えてくれる先生かもしれないのだ。

●議論は勝負ではない

よく議論などで、相手を徹底的にやっつけることが自分の強さの証明だと考えている人がいる。でも、やられた人はどう思うだろうか。議論に負けたとしても、何か感情的に嫌な思いが残ってしまうだろう。そして、それは結構、記憶として残り、悪いイメージが作られていく。「あの人は強くてすごい」と思うよりも、何か「嫌な奴だ」という印象ができあがってしまう。これはとても損なことだ。

私がグローバルな会社に長く勤めてすごく感心したのは、議論が上手だということだ。例えば、AさんとBさんで意見が対立したとする。Aさんの主張に対して、Bさんは「Aさんの意見のこの部分には大賛成だ。でも、その次の点について、それを実行されると私の部門ではこんな問題が起こってしまう」と言う。Aさんは「それでは、その問題に対して私がこんな協力をしたらどうだろう」と答える。また、Cさんが「私もBさんの問題を解決するためには、これこれのことをしてあげられる」と言う。こんな調子で、みんなにとって一番良い解決策を探していく、それが議論というものだ。議論は勝負ではない、一緒に解決策を探すための共同作業だ。

そして異なった意見がうまく解決されると、敵ではなく味方が誕生する。敵は、一番良くて何もしてくれない、悪くすれば邪魔をする。友だちは、一番悪くても何もしてくれないだけだ。良ければ助けてくれる。だから、どう考えても、できるだけ敵を作らずに友だちを作るのが良い。

●日本人として Think Global, Act Global

世界がグローバル化していることは、君たちも感じていると思う。私たちが毎日使っている生活に必要なほとんどのものが、世界中から来ている。私たちは、世界との関係なくしては生活ができないほどグローバルな環境の中にいる。だから、君たちも日本という小さな世界の中に自分の活動を求めるのではなく、いつも世界とのつながりで将来を考えて欲しい。よく「グローバルに考え、ローカルに行動をしろ」と言う。でも、私はもう今の時代は、「グローバルに考え、そしてグローバルに行動をする」時代だと思う。

日本は、中国や韓国などと難しい問題を抱えている。歴史に対する認識の違いも、その大きな問題の1つだ。でも、同じアジアという地域で、何万年と一緒に暮らしてきたお隣さんたちだ。お互いの違いばっかりほじくり返すのではなく、お互いに似ている点を発見していくことが大切だと思う。きっと共通点の多さにびっくりするだろう。まず、お隣さんと仲良くすることが、世界平和の第一歩なのだから。

●やっぱり語学は大切だ

グローバル時代にとても大切なのは、海外の人たちとコミュニケーションができるということだ。だから、世界の共通語である英語は、どうしても勉強しておかなければならない。ネイティブのように話せる必要はまったくない。でも、自分の言いたいことがしっかりと伝えられるだけの英語力が必要だ。さらに英語だけではなく、もう1カ国語を使えるともっといいと思う。中国語でも、スペイン語でもいいので、好きな国の言葉を勉強してごらん。

語学を学ぶというのは決して難しいことではない。確かに、学校で学ぶ英語などの授業では文法がとても大切な要素になっている。でも、君たちが英語しかしゃべれない人たちの中に突如として放り込まれたらどうだろう。おそらく、一番大切なことは単語の数ではないだろうか。単語さえ知っていれば、後はジェスチャーなどである程度、意味は通じるものだ。

例えば、学校で三人称単数形の動詞には「s」をつけるということを勉強するよね。例えば、「He goes to school」というような具合だ。もし、君たちがアメリカなど英語圏の国で、三人称単数の動詞に「s」をつけるのを忘れて「He go to school」と言ったらどうだろうか。君たちは、それが通じないと思うかい。文法的には正しくなくても問題なく通じる。日本語がまったく通じない環境に入ったら、どんな手段でもいいから、とにかく「通じる」ことが大切だ。そして、それを続けているうちに、だんだん文法的にも正しい英語が話せるようになる。だいたい、君たちの日本語だって文法的に完全に正しいだろうか。

君たちは、英語の単語をいくつぐらい知っているだろう。私が君たちぐらいのころ教えてもらった面白い方法がある。まず、目をつぶって英和辞典のページを開く。そして、そのページにいくつ知っている単語があるかを数える。それを記録したら、また、目をつぶって別のページを開く。同じように知っている単語の数を記録する。これを20ページぐらいやってみる。もちろん、たくさんやればやるほど良い。そして、1ページ当たり、知っている単語がいくつあるか、平均を計算する。そして、あとは、その辞書のページ数と平均値を掛ければ、君の知っている単語の数がおおよそわかる。とにかく単語を増やすためには、辞書を引くこと。1回、辞書を引くたびに、英語は少しずつ上達する。

●流暢でなくてもいい、大切なのは話す内容

大切なことは、流暢に話すということよりも、何を話すかということだ。そのためには、自分の話したい内容をはっきりと自分で表現できればいいのだ。自分自身の意見がはっきりとしていれば、言葉も自然にはっきりしてくる。相手の言っていることがわからなければ、「わからない」と言えばいいのだ。そして、外人のように話すことができなくても、自分の言いたいことがきちんと言えればいい。世界で一番多くの人が話している言語って何か知っているかい？　英語？　中国語？　スペイン語？　正解は「英語が母国語でない人が話す英語」だ。つまり、私たちが苦労して話す英語こそ、世界の共通言語なのだ。

外国人と付き合う時に一番大切なことは、日本のことをよく知っておくということだ。日本の歴史、日本の文化、そして、日本人の特徴など、日ごろから本を読んだり、博物館に行

ったりして学んでおくことが必要だ。日本人が、どのようなすばらしい歴史や文化を持っているか。そして、どのような弱みがあり、どのような良い点があるか。なにを改善していかなければいけないのか。そのような意見をきちんと持っておくことが必要だ。

同時に、外国のこともよく知っておく必要がある。その国の成り立ちや、その国の文化、そしてその国の人たちの生活なども良く知っておくと良い。君たちは歴史を勉強しているだろう。私がいつも疑問に思うのは、日本史と世界史がバラバラに教えられていることだ。日本は世界の一部だ。だから、ずっと昔から世界で起こっていることが、何らかの形で日本に影響を及ぼしている。そのような大きな世界の流れの中で、日本がどのような歴史をたどってきたか。それをしっかりと自分の中で理解しておくことがとても大切だと思う。このような教養や知識がしっかり身についてくると、英語が流暢ではなくても外国人からは尊敬をされるし、本当の意味でグローバルな人間として行動をしていくことができるのだと思う。君たちにはぜひ、「世界村の住人」として活躍をして欲しい。

●「できない」と「しない」は違う

いろいろなことを君たちのような学生に話をしていると、よく「そんなことはできません」という顔をして聞いている人がいる。それはまったくおかしい。だって、やってもいないのにどうして「できない」と言えるんだろう。やってみて、何度も続けてやってみて、それでもだめな時に初めて「できません」という言葉を言えるのだ。何もしないのに「できません」と言うのはまったくおかしい。それは「できません」ではなく、ただ単に「していない」ということだ。

もし、君たちが「できない」という考えを持ってしまったら、心の中に壁ができてしまって、そこから出られなくなってしまう。逆に「何でもできる」という考え方を心の中に持てば、壁が崩壊して自由な世界が開けてくる。ちょっと難しく言えば「制約条件は心の中に存在する」ということだ。自分で自分の行動を制約するような思いを持つことはまったく意味がない。何でもできると考えてチャレンジして欲しい。心の中の小さな箱から飛び出して、考え、行動をしよう。

●オンリーワンはナンバーワン！

ナンバーワンを目指すよりも、オンリーワンで良いというようなことを言う人もいる。もし、「とてもナンバーワンなんかにはなれないから、オンリーワンでいいんだ」という意味なら、それは間違いだと思う。自分に本当に適した分野で「あの人でなければ」と言われるようなオンリーワンの存在になれれば、自然にナンバーワンになれる。オンリーワンというのはたった1人だからね。ナンバーツーがいなければナンバーワンだ。つまり、オンリーワンはナンバーワンだ。

そして、君たちがどんな分野でオンリーワンになれるかを知るために、今いろいろな教科を勉強しているのだ。宝石の原石を探しているということを言ったね。君たちが本当に自分の人生をかけて極めたい分野を探す、それが勉強だということを忘れないで欲しい。

この章の復習

- 人生の3つの時代とはなにか
- 君たちが高齢になっている2060年ごろに、1人の65歳以上の人を支えてくれる20～64歳の人は何人と予測されているか
- 君たちはどのように世界平和に貢献できるだろうか考えてみよう
- この章の内容を「なんでも3ポイント法」でまとめてみよう

第9章 しあわせ持ちを目指そう

六つの富（しあわせの六角形）

人生の目的は、お金持ちになることではなくて、「しあわせ持ち」になることだ。お金は、しあわせ持ちになるための1つの道具ではあるけれど、お金だけあれば幸せになれるわけではない。私は、豊かでしあわせな人生を送るためには「六つの富」が必要だと思っている。そして、それらを六角形の頂点に書いたものを「しあわせの六角形」（図表9―1）と呼んでいる。

六つの富、それらは次のようなものだ。健康（フィットネス）、家族（ファミリー）、友だち（フレンド）、楽しみ・趣味（ファン）、社会貢献（フィランソロピー）、そしてお金（ファイナンシャル・アセット）だ。みんな、英語では「フ」という音で始まっているので、六つの富（フ）というわけだ。これらを頂点とする六角形ができるだけ大きく、そして、バランスが取れてい

図表9－1

絵：ムムリク。

るのが、しあわせ持ちになる条件だと思う。五段階評価で、君たちのしあわせの六角形を書いてみてごらん。

例えば大金持ちで、お金は五段階評価で5でも、健康はボロボロ、家庭内ではけんかが絶えず、友だちもいない。趣味もなければ、人のためには1円も使いたくない。そんな人は、あまりしあわせとは言えないだろう。それより、財産は3くらいでも、健康で、良い家族や友だちに恵まれ、長年続けている趣味もある。そして、できる範囲で社会貢献もしている。そんな人の方がずっとしあわせなのではないだろうか。

それでは「『仕事』はどこに入るのですか？」という質問をよく受け

る。いい質問だ。仕事はもちろん、お金の源泉だ。同時に、仕事を通じて良い社会創りをしているので社会貢献でもある。そして、そのような仕事は自分にとって楽しくなければいけない。つまり、仕事は、お金と社会貢献と楽しみが結合したものなのだ。

これらの六つの富は決して、すぐに築き上げることのできるものではない。長い年月をかけて形成していくものだ。長期間の投資でお金を増やすのと同時に、健康への投資、家族への投資、幅広い友だち作りへの投資、人生に彩りを添えてくれる趣味への投資、そしてできる範囲での社会貢献などを通じて、自分の六つの富を充実させていく必要があるのだ。

I－Oの方程式

「ゆたかさ」をもたらしてくれる「富」には、心の内側にある富と心の外側にある富がある。内側の富を「インサイド・ウェルス」、外側の富を「アウトサイド・ウェルス」という。内側の富というのは、心の中のしあわせ感、満足感だ。つまり、私たちは内側の富を最大化するため、毎日生きている。外側の富とはモノやおカネだ。基本的には、外側の富はほとんどおカネに換算することができる。外側の富を内側の富に変換することが、しあわせ持ちになる道なのだ。それでは、どうしたら外側の富を内側の富に変換できるだろう。

内側の富と外側の富を結びつけるのが「価値観」だ。外側の富は、ほとんどお金に換算できる。価値観というのは、お金が与えてくれる幸福感だ。1円当たりの幸福感と言ってもいいだろう。1円当たりの幸福感が高まるほど、外側の富が同じでも内側の富は増えていく。逆に、いくら外側の富が増えても、1円当たりの幸福感が下がっていくと、内側の富はちっとも増えない。外側の富と内側の富を結びつける価値観は「品格」ということだろうと私は考えている。つまり、自分の人生でどんなことが大切かということが、その人の品格なのだ。

同じ1万円でも、霜降りのステーキを食べるのと、発展途上国の子供のフォスターペアレントになるのと、どちらが本当の意味でしあわせをもたらすだろう。ステーキを食べるのも悪くはない。でも、フォスターペアレントになって発展途上国の子供から手紙や写真が届いたら、これもうれしい。ステーキを食べるのを少し減らして、フォスターペアレントになるというのも良いのではないだろうか。何が自分に本当の幸福感をもたらすかを考えるためには、自分自身の心の内側を眺めてみることが必要だ。時々、自分の心の内側を見つめてみてごらん。

内側の富は「インサイド・ウェルス」だから「I」、外側の富は「アウトサイド・ウェルス」だから「O」、1円当たりの幸福感は価値観、品格だから、バリューの「V」とすると、以下のような方程式がなりたつ。

$$I=O\times V$$

この方程式を見てもわかることは、いくら外側の富（O）が増えてお金持ちになっても、価値観（V）、つまり品格が下がってしまうと内側の富（I）は増えない。反対に、外側の富がそれほど増えなくても品格が向上すると、内側の富が増える。

私の会社の名前、I‐Oウェルス・アドバイザーズの「I‐O」は、この方程式からとったものだ。外側の富を増やすと同時に品格を磨いていくことが、人生において非常に大切であることを意味している。品格を高める、そして、品格のあるお金との付き合い方をしていくことが、本当のしあわせ持ちになる道なのだ。

図表９－２　I-Oの方程式　お金の主人か？奴隷か？

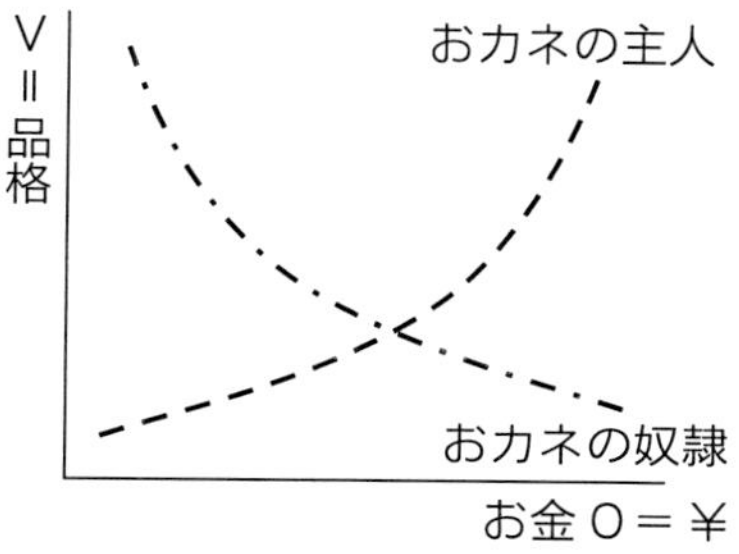

お金の主人とお金の奴隷

図表9－2を見てごらん。

問題は、お金持ちになるほど品格が下がって、下品になってしまう人もいる。そういう人は不幸なことに、いくら外側の富が増えても内側の富は増えない。つまり、しあわせ持ちにはなれない。こういう人は「お金の奴隷」になってしまっている人だ。

反対に、お金が増えるほど品格が向上する人は、どんどんしあわせになっていく。つまり、しあわせ持ちにまっしぐらだ。さらに、お金が増えなくても品格が上がれば、しあわせ持ちに近づくことができる。このような人たちは「お金の主人」だと言える。君たちも、お金の主人になれるように品格を磨いてほしい。

品格とはなにか

それでは、品格とはいったい何だろう。私は、品格とは「いま」の「自分」のことだけを考えるのではなく、ずっと「未来」に向けて「世の中」全体のことを考えることのできる人ではないかと思う。ここで思い出して欲しいのが、「つかう」、「ためる」、「ゆずる」、「ふやす」というピギーちゃんのハッピー・マネー四分法だ。「つかう」はいまの自分のため、「ためる」は少し先の自分のため、「ゆずる」は困っている人、世の中のため、そして「ふやす」は、いますぐに必要としないお金をいま必要としている人に使わせてあげ、その人を通じて世の中に貢献して、ずっと未来の君たちのために増やすということだ。

これはまさに、品格を磨くということと同じだね。つまり、ハッピー・マネー四分法というのは、お金を通じて君たちの品格を磨くためのトレーニングなんだ。4つのお金の使い方を通して君たちも品格を磨き、しあわせ持ちになってもらいたいものだ。

しあわせの六角形を広げよう

しあわせの六角形の「六つの富」を充実するためには、どうしたらいいのだろう。まず、お金について考えてみよう。「ハッピー・マネー四分法」による時空意識の拡大がどのように役立つかはすでに述べた。特に「ふやす」、投資について少し追加説明しておこう。投資の空間を広げるということは、グローバルに分散投資をするということだ。自分のお金を世界中の企業に活用してもらい、良い世界を作ってもらう。そして投資の時間をずっと伸ばす、つまり長期投資をするということにつながる。結局、投資の時空を広げることは、分散投資と長期投資という資産運用の重要な基本とも合っている。

健康は、時間をかけて強化していくものだ。「早寝早起き、腹八分目」などをしっかり守り、適度な運動をして、しっかりと世の中のためになる働きができる体を作ってほしい。健康は、体だけが必要なのではない。毎日の生活はストレスも多い。だから、心も疲れる。毎日、少しでも静かな時間を持って、心をしっかりと休ませてあげることも必要だ。また、自分の体と心の健康のみでなく、地域社会や自分が所属する組織の健康も大切だし、さらには地球の健康は環境の問題でもある。ここでも時空の意識の広がりが大切だ。

次は家族。家族は何といっても君たちの生活の中心だ。保護者の方への感謝を忘れないこと。1日1回でもいいから「ありがとう」と心から言ってごらん。兄弟・姉妹がいるなら、いつも仲良くしてお互いに助け合おう。親戚のおじさんやおばさん、いとこたちだって広い意味では家族だ。もっと意識を広げれば、人類、みんな家族のようなものだ。人類の起源はアフリカで、そこから世界中に人間が広がっていったという。そう考えれば、人類がみんな家族とも考えられる。そして、家族が仲良くというのは世界平和にもつながる。

友だち、交友関係は、豊かでしあわせな人生を送るためにとても大切だ。敵を作らないことが大切だということはすでに話したね。必要なときに力になってくれる友だち、アドバイスをくれる友だち、時には注意してくれる友だち、みんな、良い人生を送るためには大切な存在だ。いつも明るい表情で、清らかな美しい声でポジティブな内容の話をして、きちんとした好感の持てる振る舞いをする。そして、長い時間をかけてたくさんの良い友だちを作っていく。それは、しあわせ持ちになるためのとても大切な要素だ。

楽しみや趣味も、長い時間を通じて深めていくものだ。スポーツでも、音楽でも、絵などでも何でもいい。これも時間をかけて育てていくものだ。そして、1人で楽しむよりは仲間を増やし、みんなで楽しめるのが良いだろう。趣味は人生にいろどりを添えてくれる。

最後は社会貢献だ。社会貢献活動を通じて、自分だけ良ければいいというのではなく、「他人の喜びは自分の喜び」ということを実感できる素晴らしい体験ができるはずだ。気持ちを届けるものだから、金額の問題ではない。お金が十分になければ「一日一善」でいい。

「かわいそうに」という自分を外に置いた立場ではなく、「共に悲しめる」立場になると、本当に意識が拡大したことになる。そして、今だけではなく、ずっと未来まで意識を伸ばし、未来に向けて世の中のためになることをして欲しい。

「ハッピー・マネー四分法」によって時空の意識を拡大して、それによって「六つの富」を育てていく、それが「しあわせ持ち」への道だ。お小遣いをもらったり、お手伝いをしたりしてお金を得たら、ピギーちゃんの４つのお金の使い方で、君たちの６つの富をふくらませて欲しい。

新三方よし

良い世の中、住みやすい社会、平和な世界は、国や企業が作ってくれるものでもない。それは君たちが作るものなのだ。君たちが仕事を通じて、しあわせな世界を作っていくのだ。昔、近江商人は「売り手よし、買い手よし、世間よし」という言葉を商売のモットーとした。お金と物を交換するときに売る人だけがもうかるのではなく、また、買う人だけが得するのでもない取引が大切だ。お互いにウィン・ウィンの関係でなければならない。でも、それだけではなく、その取引が世間のためにもならなければいけないという意味だ。つまり、その取引で世の中の付加価値が増えることが大切だとしている。

いまの世の中は、昔よりももっとグローバル化して複雑になっている。私が君たちに望みたいのは「いのちよし、地球よし、未来よし」の「新三方よし」だ。すべてのいのちあるもの、人間も、ほかの動物も、植物も、この世に生まれてきた命をまっとうできる世界、地球環境をみんなで大切にして、美しいこの惑星がいのちあるものたちにとって住みやすい場所とする。そして、それが永遠の未来まで続く、そのような「新三方よし」に貢献するような生き方を君たちに望みたい。そんな願いを込めて、今日の授業を終わろう。しっかり聞いてくれて、どうもありがとう。

この章の復習

●君たちのしあわせの六角形を5段階評価で下図に描いてみよう

●仕事と六つの富の関係について説明しなさい

●お金の主人とお金の奴隷はどう違うのか

●品格はハッピー・マネー四分法とどのような関係にあるか述べなさい

●「新三方よし」とはなにか

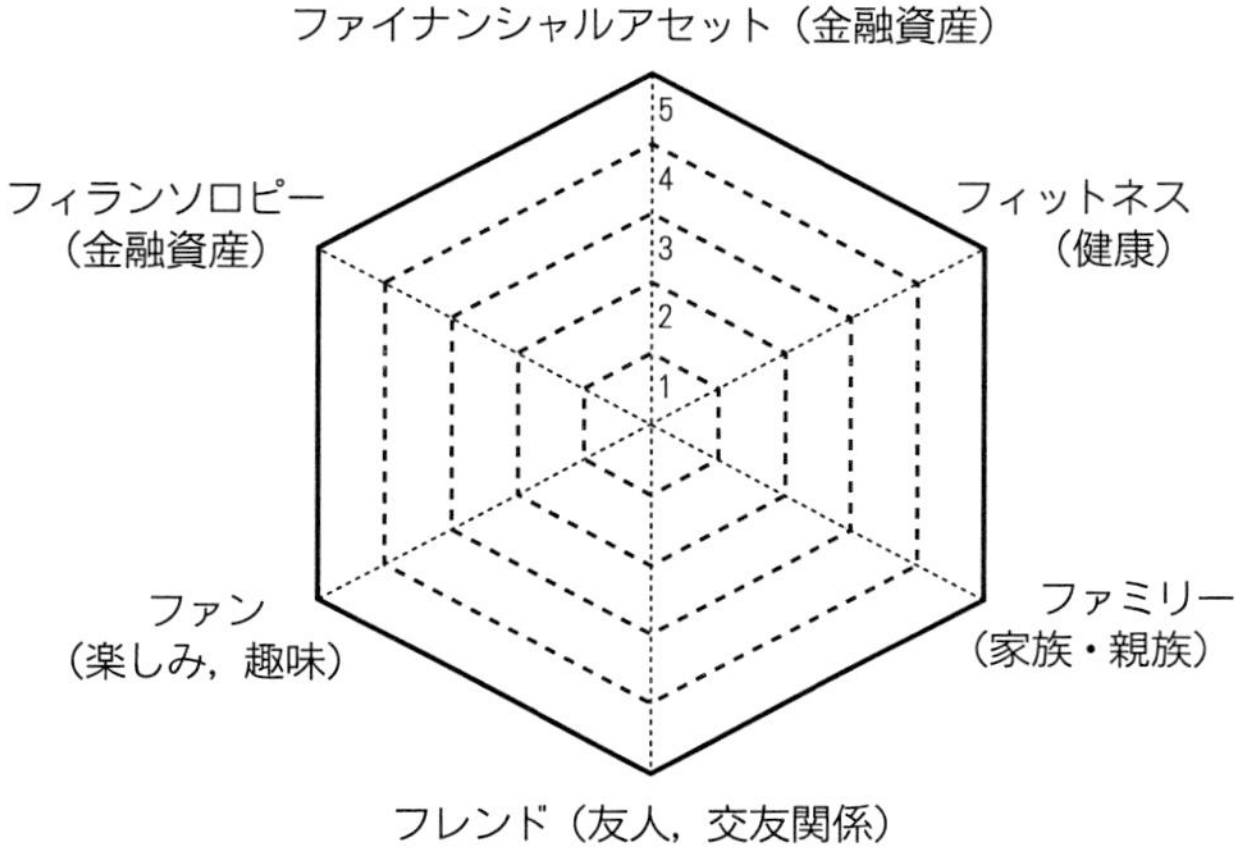

第10章
保護者の方へのメッセージ

投資教育事業を始める

私は15年間にわたり、日本の証券会社でニューヨークと東京で証券アナリストの仕事をしました。そして、1990年からの15年間は、外資系投資顧問会社で社長として年金運用に携わりました。幸いなことに、この分野で2005年に業界トップクラスになることができたので退社、富裕層ではない生活者の方々に、豊かでしあわせな人生を送れるような正しいお金との付き合い方をお教えする会社を設立しました。早いもので、2015年5月にこの会社も10年目を迎えました。

2005年10月より毎月、1回も休むことなく続けているマンスリー・セミナーも、2015年7月には118回目を迎えました。また、2003年に創刊されたインベストライフ誌（www.invesflife.jp）は、2006年に当社が業務を引き継ぎ、その後、ネット化、無料化、Facebook上での「クラブ・インベストライフ」創設、各地でのインベストライフ・セミナー開催などを経て、長期投資家仲間の交流の場として活動が拡大しています。

子供たちのお金に対する意識

私は2003年より経済同友会会員となり、2004年頃より同会の活動の1つである「出張授業」に参加させていただくようになりました。そして、多数の中学校、高校を訪問し、「お金、仕事、投資、生き方」などの話をさせていただいています。ここ数年は少しずつ認知度も高まり、自主開催の授業に加え、NPO法人、コミュニティ、企業などのご要望をいただき講演活動をさせていただいています。この活動を通じて私は、大人に対する金銭・投資教育も重要であるが、実は子供の頃からお金に対する正しい考え方を教えることが必要なのではないかと思うようになっています。

そう思うようになった理由の1つに、子供たちのお金やお金持ちに対する考え方が非常に歪んでいることに気づいたことがあります。毎回、授業のたびに簡単なアンケートをとります。その質問は以下のようなものです。

（A）お金のイメージは？　①きれい、②きたない
（B）お金持ちのイメージは？　①悪い人、②いい人
（C）お金を稼ぐことは？　①良いこと、②悪いこと
（D）お金を稼ぐには？　①喜ばれる、②奪う
（E）家庭でお金の話をする？　①する、②しない

過去の結果（図表10―1）を見てみると、AとBの質問に対しては「お金はきたない」、「お金持ちは悪い人」と考えている子供が6割以上います。しかし、CとDの質問に対しては、「お金を稼ぐことは良いこと」と答える子がほとんど100％、「お金を稼ぐには喜ばれることをする」という子がほぼ9割います。つまり、お金は良いことをして稼ぎたいと思っているが、現実の世界で見聞きすることは、お金にネガティブなことが多いということなのでしょう。そして、最後のEに対しては非常に安定的に半々という結果です。しかし、おそらく家庭でお金の話をするといってもお金の本質的な話ではなく、「お小遣いをあげてくれ」とか、「塾の費用が大変だ」といったレベルの話が多いのではないでしょうか。

ところが非常に面白いことに、2012年頃から子供たちのお金やお金持ちに対するイメージが変わってきています（図表10―2）。単純なデータなのでおおよその傾向としてご理解いただければ良いのですが、「お金はきたない」、「お金持ちは悪い人」という子供の比率が

図表 10－1　全期間・全校の単純平均

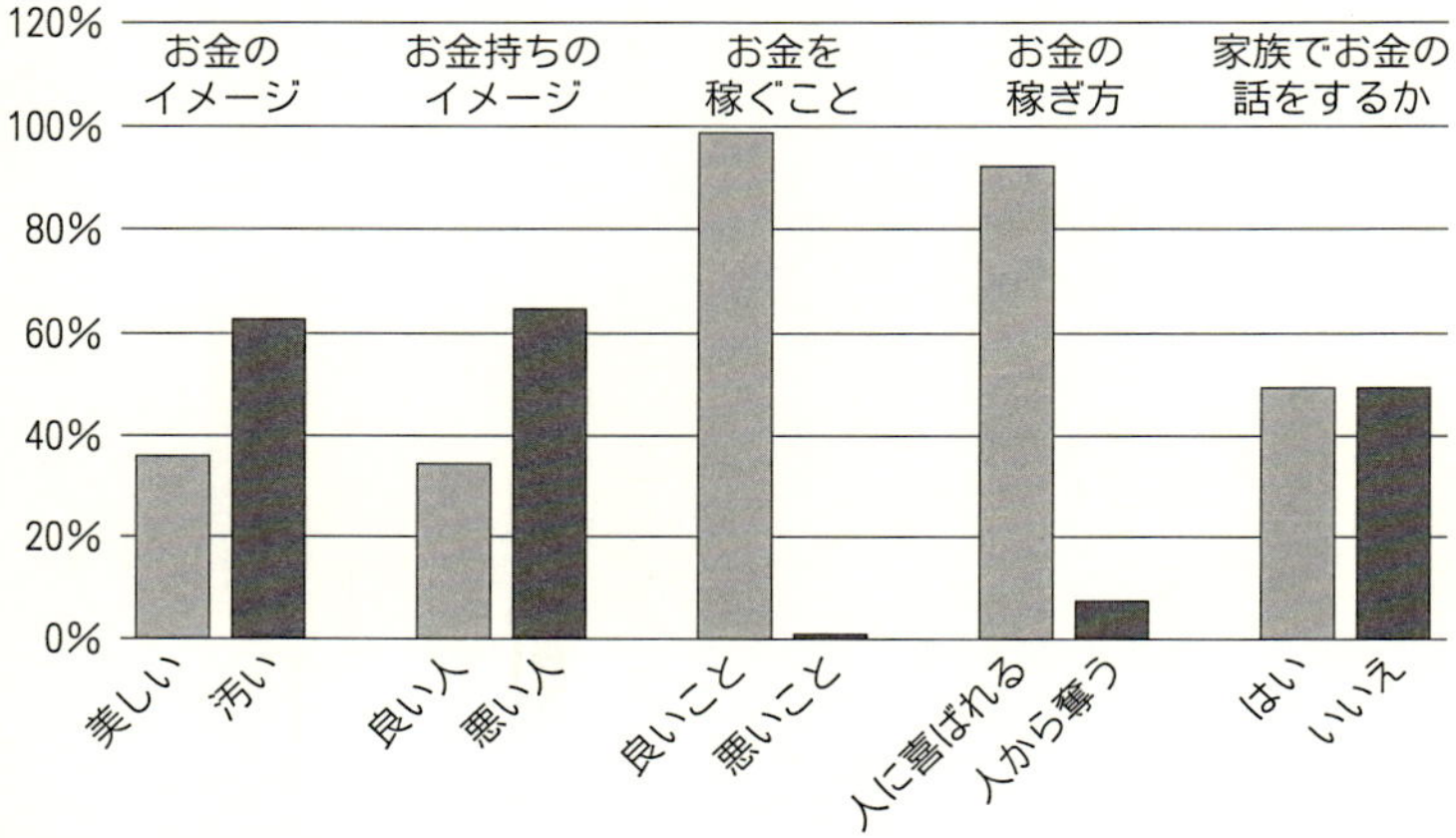

（注）2005 年～2014 年，約 50 校，約 2,000 名。
出所：独自調査により著者作成。

図表 10－2　「お金」と「お金持ち」のイメージ

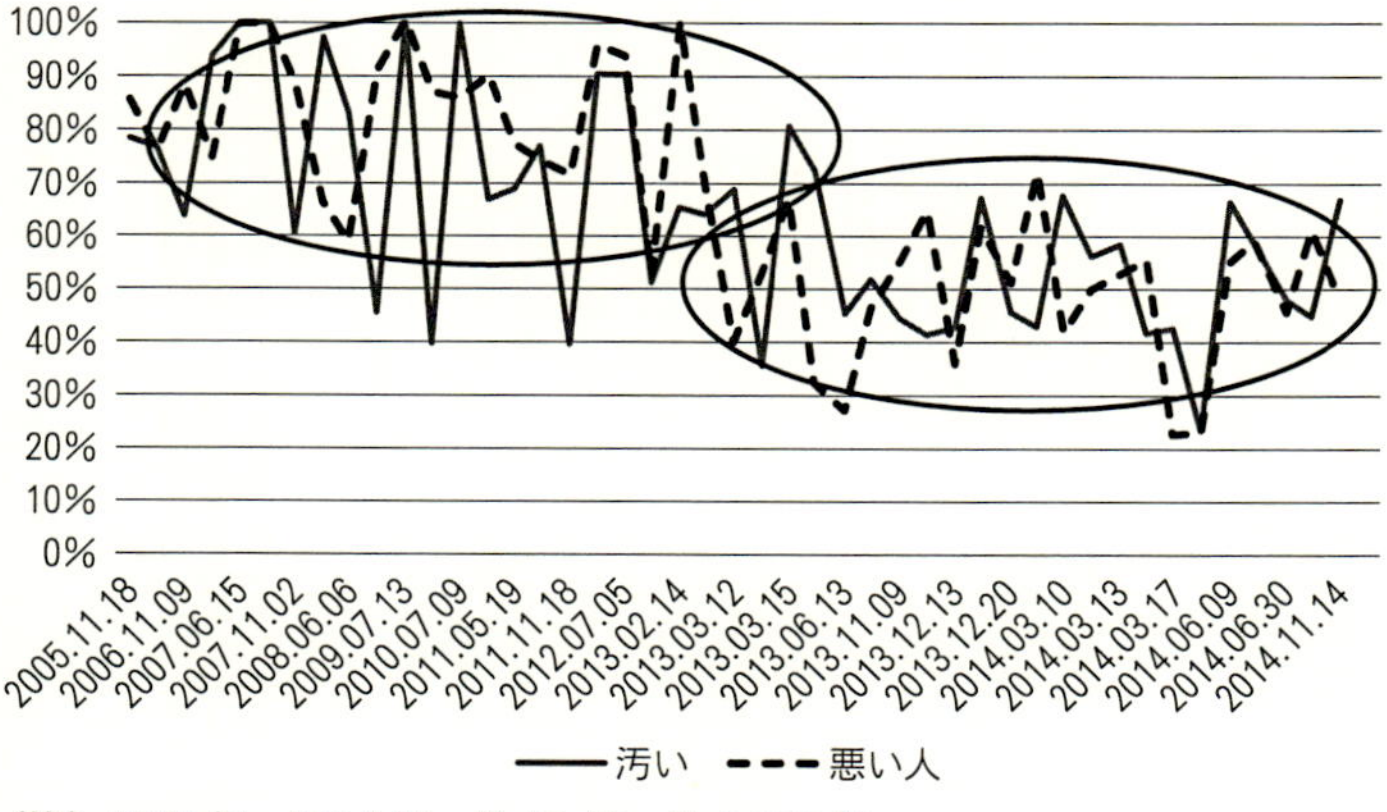

（注）2005 年～2014 年，約 50 校，約 2,000 名。
出所：独自調査により著者作成。

減ってきているのです。２０１２年後半といえば、景気が少しずつ回復基調に入った時期です。おそらく、マスコミなどもアベノミクス効果を取り上げたり、ボーナスが増えたり賃上げがあったり、雇用環境が改善しているというような記事を多く取り上げていたことが影響したのだろうと推察します。やはり、大人が考える以上に、子供たちにはテレビや新聞のニュースなどが大きな影響を与えているのだと思います。

翻って見れば、相変わらずお金に関するニュースには悪いイメージのものが多いのも事実です。お金に関する不正で、お詫び会見や逮捕されていく姿がしばしば報道されています。やはり、これらは子供たちの心の中に刷り込まれているのだと思います。これは恐ろしいことです。なぜなら、保護者の方は毎日、現実に社会の役に立つために額に汗して働き、その報酬を得ているのです。ほとんどの人は、人に喜ばれることをして報酬を得て生計をたてているのです。それを知らずに、メディアに出ている悪いニュースだけでお金のネガティブ・イメージが植えつけられているとすれば大きな問題です。

マネー・サビー・ジェネレーションとの出会い

私の心の中で、そのような問題意識が大きくなりつつあったところで、アメリカのマネー・サビー・ジェネレーションという会社との出会いがありました。いまから数年前のことだっ

スーザン・ビーチャム女史　マネー・サビー・ジェネレーション創業者兼CEO

たと思います。サンフランシスコでアメリカ人の旧友とランチをしていたときに「ところで、SAVEとINVESTってどう違うの？」という質問を受けたのです。面白いなあと思って、なぜそんな質問をするのか聞いたところ、彼が息子に買った豚の貯金箱には4つの穴が開いていて、それぞれ、SAVE, SPEND, DONATE, INVESTと分かれているというのです。その会社に非常に興味を持ち、メーカー名からインターネットで検索をし、その会社について調べ始めたのです。米国イリノイ州のシカゴの少し北の方にある会社でした。

ホーム・ページに出ていた創業者、スーザン・ビーチャム女史の以下の言葉が心をうちました。

> 子どもの時にほんの少しの時間でも基礎的なマネー教育をしておくと、その子は人生を通じておカネの管理が上手にできるようになるものです。
> しかし、マネー教育は目的に至るための手段です。目的とするところは自立した成功に満ちた人生です。

非常に共感するところがあり、2012年5月にシカゴに行く用事があったので、私の略歴やどのような思いでいまの仕事をしているかなどにつき記載し、一度、会って話をしたいとメールを送りました。その結果、社長のマイケル・ビーチャム氏とのランチ・ミーティングが実現したのです。お互いに非常に似た思いで仕事をしていることがわかり、同年7月に彼らのオフィスを3日間訪問、教材、カリキュラムなどから、倉庫の管理まで業務をこまかく見せてもらいました。

そして、12月には彼らとの間で独占販売契約を締結し、2013年4月より代表商品であるマネー・サビー・ピッグの販売を開始しました（www.i-owa.com/happy-money/）。マネー・サビー・ピッグといっても日本では通用しにくいので、ハッピー・マネーの「ピギーちゃん」と名付けています。現在までに日本で約1万個の出荷をしました。全世界ではすでに120万個が販売されているそうです。ピギーちゃんの効用については、第3章で解説した通りです。

紙芝居、歌もできた

2013年より、ピギーちゃんを使って出張授業を行っています。それがハッピー・マネ

ー教室です。ちなみに「ハッピー・マネー」という言葉は、当社で商標登録をしました。とても夢のあるすてきな絵を描く、旧知のアーティストでムムリクさんという人に「実は、ピギーちゃんをメイン・キャラクターにしたハッピー・マネー教室の紙芝居を創りたいのだが」と相談しました。彼女もありがたいことに非常に乗り気になってくれ、紙芝居が完成しました。

現在、生徒数が20名程度までであれば紙芝居形式で、それ以上であればパワーポイントで授業をしています。紙芝居は外販もしており、お買い上げいただいた方が近所の子供たちを集めて紙芝居をしているというようなうれしい声も聞かせていただいています。

さらに、ハッピー・マネーの歌も作ろうということになりました。ここでも長年の友人、Labiさんが素敵な曲を作詞、作曲してくれ、Labiさんの紹介で歌手のカツルミさん、Labiさん、そしてちびっこたちで録音をしました。この歌を覚えれば、ハッピー・マネー教室の主なメッセージが伝わるというものです。この本をお買い上げいただいた方は、歌とカラオケ両方の音声ファイルをダウンロードしていただけます。ぜひ、みなさんで歌ってみてください。

ダウンロード・サイト：www.i-owa.com/happy-money/song/

ID：happy-money

パスワード：song

ボイス・トレーナーの田辺清美さんの「清らかで美しい声」のレッスンと、私のハッピー・マネー教室をコラボにした講演も行っています。ご希望があれば出張講演もしますので、お声がけください。

ハッピー・マネー教室参加者の感想文 ～驚くほど高い子どもの理解力

出張授業をすると通常、子供たちから感想文が送られてきます。それを読むたびに、本当にうれしくなります。なぜなら、1時間にも満たない授業なのに、実に的確に私が伝えたいことを受け止めて、理解してくれているからです。決して、「お金の話など、難しすぎてわからないだろう」という先入観を持たないでください。きちんと話をすれば、本当によくわかってくれます。その意味では、この本の内容は、保護者の方から子供へ語り掛けるための参考書だとお考えください。

お金のことは、生活の中で学んでいくものです。ある意味、学校の教室は、最もお金と縁遠い世界です。でも、家庭はお金のことでいっぱいです。お金は、生活の中でなくてはならないものです。その生活感のあるお金の話を、どんどん語り掛けていただきたいと思います。そして、お金や投資のことを学んでいくほどに、子供たちも「お金で結ばれるご縁のネットワーク」、「投資とは生き方そのもの」であることなどに気が付いてくれることでしょう。

ハッピー・マネー教室に参加した子どもたちの声

おかねのはなしをきいて、これからおかねをたいせつにしていって、こころのなかに『かねくいむし』がこないようにします（小学校1年）

おかねが思っていたいじょうにたいせつなんだと思いました（小学校2年）

ピギーちゃんをもらって本当にうれしかったです。しょう来ほんとに発明家になります。ピギーちゃんにお金をためてマイホームと研究所を建てたいです（小学校2年）

お金のうしろにはいつもかんしゃがついていることと、いい事をすればありがとうと言われたり、ほんとうのしあわせはお金持ちになるんじゃなく、しあわせもちになるということがわかって、自分のためになりました（小学校4年）

学校でみんなに話してほしいです（小学校4年）

ぼくは、今日のお金の話を聞いて、お金にはいろいろな使い道があり、それを使いわけるのも自分自身だということを、この機会で深く知りました。そして、これから、「ためる」、「つかう」、「ゆずる」、「ふやす」を使い分けていきたいと思います（小学校6年）

心に強い印象を与える話をワクワクしながら聞きました。今まで味わったことのない感動でした。（中一男子）

勉強するのは自分のためだとわかりました。（中一女子）

おカネに対するイメージに今までは少なからず悪いものがありました。しかし、おカネで築いた社会での関係は、信頼と期待の証拠で、感謝で続くものだと気づきました。社会に出るにあたり、決して誤解してはならないおカネへのイメージが改まりました。

（中二女子）

僕は今まで、働くようになったらおカネをもらうためにきつい仕事をしなくてはいけないと思っていました。でも、「おカネをもらう＝感謝される」ということを聞いて将来はたくさん感謝されるように頑張りたいと思いました。（中二男子）

私たちが商品を買う時に払ったおカネが会社の経営につながり、そこから両親が給料をもらい銀行に入る。そしてＡＴＭからおカネが引き出せる。この関係性が今回の話で詳しく分かることができました。（中二女子）

おカネは物を買う以外にも使い道があることを知りました。それが「寄付」、「投資」です。投資は自分が良いと思った会社におカネを使ってもらうと、それが増えて戻ってくるというものです。寄付は災害にあった人たちや貧しい人たちにおカネを分けてあげるというものです。こちらは形あるものはもらえませんが、温かい感謝の言葉が返ってきます。つまり、良いことをすれば必ず自分に返ってくるのです。僕も将来、良いこと

をたくさんしておカネと喜びの両方を持てるようにしたいです。（中二男子）

勉強が嫌で仕方なかったのですが、これからは「投資」として、後からの喜びを期待して勉強していきたいです。（中二女子）

難しそうな話も頭に入っていき、メモを見直しながら両親に先生のお話を伝えられたのは驚きました。（中二女子）

「チョコレートは人々の労働のおかげで食べられる。そのことに感謝する代わりにおカネを出す。おカネは感謝のしるしなんです」と伺い、私は恥ずかしくなりました。なぜなら、そんなふうに考えておカネを使ったことがなかったからです。物を買う時にも考え方の違いで、払うおカネの価値が変わると思います。（中二女子）

今回の話でお金持ちへの印象が変わりました。テレビなどでよく見るように、お金持ちは暴力団とつながっていたり、一般人を見下していたりしていると思っていました。おカネのイメージが変わる話をしてもらえるとは思いもしていなか

ったのでびっくりです。（中二男子）

今まで考えたことのなかった新しいおカネの見方を知りました。お話を伺いおカネは感謝のしるしであり、人とのつながりを可能にするものだとわかりました。投資は今、我慢をして将来、成果や喜びを得るもので、勉強も投資と同じということを伺って改めて勉強の大切さを感じました。（中二女子）

おカネの流れはサイクルになっていることが分かった。親が仕事をしておカネをもらって、そのおカネでスーパーなどで買い物をして、そのスーパーはもらったおカネで売り物を仕入れるというサイクルになっていることを気づきました。（中二男子）

「今、目の前のことを精いっぱいやる」という言葉に感動しました。やっぱり小さなことをコツコツとやっていくのが良いんだなあと思いました。岡本さんが子どものころには具体的な夢などなかったと聞き安心しました。だから小さなことをクリアしていき、大きな目標をかなえたいと思いました。（中二男子）

投資とは今少し我慢して将来、大きな成果を得ることだそうです。そして、それは私たちが今している勉強にも同じことが言えるそうです。今、様々なことにチャレンジし、一生懸命取り組むことで、色々な方向から光を当て、自分の中に眠っている宝石の原石を発見し、磨き、その分野で一流になれるということが分かりました。「できない」と「しない」は違うというお言葉が特に印象的でした。（中二女子）

私はよくコンビニでおやつを買うけれど、週何回かはがまんして自分が好きな動物の寄付につかうとか、自分だけでなく相手も笑顔になれることにお金を使っていきたいです。（中二女子）

勉強は将来の自分のためにしているということを学びました。色々な勉強をすることで自分が潜在的に持っている才能に光を当て、花を開かせることができると思いました。

（中二男子）

自分は今までお金持ちになりたいとは何度も思いましたが、お金持ちになってどうするのだと思ったことも同じぐらいありました。岡本さんはお金持ちよりしあわせ持ちになることが人生の目的であると言ったので今回の話をもとに、しあわせ持ちになることを考えてみたいです。

（中二男子）

将来の自分を支えるのは今の自分と聞き、これからは「ためる」、「つかう」、「ゆずる」、「ふやす」を心がけたいと思いました。人を喜ばせてしあわせ持ちになりたいです。（中二男子）

株を買う時は慎重に買うのがすごく重要だと思いました。この会社は成長すると分かったところの株を買う。もし、失敗しても貯金があればまたやり直せると思いました。とても勉強になりました。（中二男子）

おカネは人の感謝を裏に抱えたきれいなもの。自分のため、少し先の自分のため、ずっと先の自分のため、他人のためと、おカネの使い方はたくさんあることが分かりました。（中三女子）

僕は親に将来を見すえて頑張れと言われています。でも、僕は将来のことがわからないのでどうすれば良いのかわかりませんでした。今日の話を聞いて足元の事を頑張ればいいということに元気をもらいました。（中三男子）

親は私たちに「おカネの管理ができるようになってほしい」という思いでお小遣いを

渡していることを知りました。この授業を聞く前はおカネという言葉を聞くと嫌なイメージしかありませんでした。しかし、この授業でおカネという言葉に対する考えが180度変わりました。（中三男子）

おカネと心がリンクしていることを学びました。思いやりがあって、ゆずる心があれば、自分もうれしいし、相手もうれしくなると思いました。おカネの使い道を考えさせられる、とても未来のためになる話をありがとうございました。（中三男子）

寄付を受けた被災地の方の笑顔の写真を見せてもらいました。おカネは人を笑顔にできる！　すごい事だと思いました。人間の優しい心はおカネで表すことができるんだと分かりました。（中三女子）

この話を聞いて私のなかの何かが変わった気がします。（中三男子）

お金は便利な道具としか思えませんでした。でも、お話を聞いているうちにお金の新たな価値観が発見できた、新鮮な体験でした。（中三女子）

一学年下のクラスは少し荒れているので、来年も来て彼らに授業をしてあげてください。（中三男子）

他の人のためになる仕事をして給料をもらうことが幸せだということがよく分かりました。（高一女子）

とても分かりやすいお話で、少しだけですが株のことが分かった気がしました。機会があれば自分が応援したいと思い信頼できる会社を見つけて投資をしてみようかなと思います。（高一男子）

会社は儲けることを考えるのも、もちろん大切かも知れませんが、それ以前に「お客様に一番喜ばれることをする」という根本的で簡単なように聞こえるけど見落としてしまいそうなシンプルなことが、ビジネスで成功するために必要なのだと分かり、改めて考えさせられました。（高一女子）

大人は「ちゃんと良い大学をでなさい」とか、「立派な人になりなさい」とか、抽象的にいうけれど、岡本先生は世の中のためになる生き方を具体的に言ってくれたので将来のことを具体的に考えることができました。（高一男子）

今回のお話を聞いて、おカネは感謝のしるし、しあわせになるための一つの道具であるということを知りました。使う、貯める、ゆずる、増やすという四つのおカネの使い方に驚きました。（高一女子）

自分のしあわせの六角形を考えてみて、自分にとっておカネよりも大切なことがたくさん見えてきました。それと同時におカネの価値、大切さが分かりました。将来、おカネを稼ぐときに「世の中のためになることをして人々に感謝される」ということを大切にする大人になりたいです。（高一女子）

印象に残った言葉は「いまの自分が将来の自分を支える」です。また、「若いうちにたくさん失敗をしなさい」という言葉も心に残りました。今までの僕は失敗を恐れて、自分で行動することに消極的なところがありました。でも、今日、この言葉を聞いて僕は失敗を恐れず行動していこうと思いました。（高一男子）

「人生の目的はしあわせになること」という言葉を常に頭に残しておきたいです。（高一女子）

いつも兄にいじわるをしてしまうので、たまには「一日一善」で兄にも優しくしてあげようとも思いました。（高一女子）

ハッピー・マネー教室は、子供だけのものではありません。大人の方がどのように子供にお金のことを教えたらよいかという教室でもあります。可能な限り、子供向けのハッピー・マネー教室に先生も保護者の方もみなさん参加していただいています。私が話をしていてとても面白いことに気づきました。子供たちが「うん、うん」とうなずいているところで、先生も保護者の方もみな、うなずいているのです。ありがたいことに、先生や保護者の方にとっても私の話が新鮮だったのだと思います。それはそうでしょう、先生だって、保護者の方だって、いままでお金や投資の話なんてきちんと聞いたことがなかったのですから。私は、大人のための「いま、なぜマネー教育なのか」というセミナーも開催しています。これらに出席していただいた方々の感想を少し紹介します。

ハッピー・マネー教室参加者（大人）からの声

子供たちのアンケートを読んで、たった1回の授業でこんなにも気づきがあるのだなと感動しました。予防接種ではないですが、一回で効力発揮なら、ぜひたくさんの子供たちに聞いてもらいたいですね。

中学校や高校での出張授業の反応を交えながら、お金の存在価値や存在意義を考えさせられました^o^。

今日の印象に残ったことは、DONATEを『ゆずる』と表現し、寄付は思いやりをあげることと先生がおっしゃった事です。それはお金ばかりではなく、時間や体力も寄付できるという事。『一日一善』を思い出し意識しようと思いました。

『世界が我が家』、そうなるとみんな自分の子ども。

投資雑誌を作っている側からすると、なんとも本質的な話題でした。「こどもに教えるということは、自分が分かっているということである」っていうことを、改めて思い知らされた気がします。

まず驚いたのは、生徒さんたちの「感想文」の質の高さ。独身なので想像もつかなかったのですが、理解力も、記憶力も、話をまとめる力も優れていることにおどろきました。このような「教育」が通常行われれば、まさしく「ただ、親と先生に言われているから」の勉強ではなく、「自分の将来への投資」であり、「自分の中にある〝宝石〟」に気がつくのでしょうね。

週末に家族でおカネについて話してみようと思い、ブルーのピギーちゃんを買いました。娘の反応が楽しみですが、投資とかの時間軸の概念とかが掴みにくそうであれば、おカネを消費と浪費に分解して、日頃の使い方を調べてみるのもどうかと考えています。これでかみさんの浪費癖を見直すきっかけになれば嬉しいのですが。

これまで金融教育というと、継続していろいろなことを学べる場にしなければ、と大仰に考えていましたが、一年のうちのほんの一時間でもいい、という言葉に、まずは小さなことでもやってみよう、という想いになりました。

岡本さんにとって、『投資教育家』という『生き方』が、未来を担う子供達へ、即ち、後世に『己が名跡』を残される事なのではと感じました。『世界中の子供達は、皆、世界中の大人達の子供である』。

岡本先生の「世界の子供をみんな自分の子供にしてしまえばいいのだ！」との言葉に、子供のいない私は、脳天パンチされた衝撃でした。穏やかに鋭い！　そして、深い！

（文章はプライバシーや読みやすさなどに配慮し、若干修正してあります）

ピギーちゃん、ユーザーの声

ピギーちゃんをお買い上げいただいた方からも、とてもありがたいコメントをいただいています。ピギーちゃんは、お金の話を家庭で始めるとてもよいきっかけになるのだと思います。

ピギーちゃん、ユーザーの声

我が家にもピギーちゃんが到着！　楽しみにしていた娘は大喜び？　親子でお金のしくみについて共に考えた後、早速各入口別にお金の使い道について検討。しばらくして、彼女はSAVEのラベルには「ユーロ通貨の記号」と、INVESTのラベルには「株式」と記入しました。「ユーロ通貨の記号」のお金は、昨年、小学生の海外派遣団として渡航したヨーロッパに、再び行くための旅費にするそうです。「株式」のお金は、しっかり貯めて父親の働く会社に投資するための資金にすると。親が思っている以上に子供はしっかりお金について考えていることを知り驚きました。

ピギーちゃん、息子に見せながら、「これが貯めるお金、これが使うお金、寄付するお金、投資するお金。投資は、ずっと先のことのために使うことだよ」と言いながら、「貯めるのと、投資するの違いはねえ…」というところで、どうやって説明しようか考えてしまった私。すると息子が、「わかった！　貯めるのは、野球のグローブを買うとか、買うものが決まってて、子供の間に使っちゃうお金。投資するのは、大人になってから使うから、まだ何に使うかわからないお金だよ」。そ、そうか。なるほど。さすがうちの子！

ピギーちゃん、早速届いたはいいものの、一匹しか注文しなかったために長男と末娘が取り合いの大ゲンカ。急遽もう一匹注文することに(^^;)　二匹とも体重増やしてやらなきゃ。

我が家で今朝、一匹だけ購入したピギーちゃんを宅配の箱から出しました。何これっ!?　となった後にクレーム大発生!!　何で一匹なの？　足りない！　って事で後程追加発注かなぁ…

小学校に入学したばかりの息子に先日届いたピギーちゃんをプレゼントしました。「SAVE」、「SPEND」、「DONATE」、「INVEST」の意味を一つひとつ息子に説明する中で、「〝DONATE〟というのは「寄附」で、困っている人にお金を分けてあげることだよ。君は今、困ることなく幸せに暮らしているでしょ。でも世の中には病気になったり、地震にあったり、困っている人もたくさんいるんだ。だからその人達のためにお金を分けてあげるのが「寄附」だよ」と話すと、「わかった。じゃあ、1円玉は寄附する。」という息子。「うん、うん、1円玉でもいいよ」と話していると、「それで、パパに寄附してあげる！」、ズルッ！　えっ!?　パパそんなに困ってるように見えてるのかな（笑）。

本当は大人に知ってもらいたいお金のこと

私の経験からいえば、マネー教育の本当の基礎は1～2時間少々で教えられるものだと思っています。毎週1時間ではありません。未成年時代のうちの1～2時間です。難しいことを勉強したり暗記したりする必要はないのです。瞬間的に「気づかせる」ことができれば、その子のお金に対する考えが変わるものです。

その気づきを与える一番大切な場所が、家庭です。保護者の方々は、ATMからお金を出すときに、子供さんを連れて行ってください。そして一言、「これはね、会社で一生懸命に働いて稼いだお給料が振り込まれているから出てくるお金なのよ」と話してあげてください。買い物のときに予算の制約があり、選択をしなければならないという経済学の「きほんのき」を教えてあげてください。お父さんの帰宅が遅いときは、「いやぁね、お父さん、また遅いわね」と言わないで「お父さんは、私たちのために今日も遅くまで仕事をしてくれているのよ」と言ってあげてください。「勉強はたいへんだね、でも、いま一生懸命に勉強して好きな分野を見つければ、あなたの将来のためになるんだよ」と気づかせてください。そんな小さな積み重ねが、一瞬の気づきを深めていくことになるのです。大人にとって「そんなこと当たり前」と思うようなメッセージに、子供たちは飢えているのです。メディアの日々の情報によって知らず知らずのうちに子供たちの潜在意識が形成されるように、それ以上に、家庭での日々のメッセージが大切なのです。

そのためにも、私が本書の1章から9章までに書いた内容をぜひ、保護者の方にも理解していただきたいと思います。おそらくいまの大人たちも、きちんとしたお金や投資に関する理解が十分ではないのではないでしょうか。立派な有識者と思われる人が「お金は、額に汗して稼いでこそ価値がある。株式投資で得た儲けなどあぶく銭だ」などと言っているのをよく聞きます。「株式投資など、まともな人がするものではない」と言っている人が、実は株式会社で働いていたりします。みんな、本当に基礎的な理解がないから、このような発言になっているのです。このようなお金や投資の知識が欠如していることが、日本が元気を失っている1つの理由かもしれません。

世の中では、金融機関主催の投資のセミナーや講演会がたくさん行われています。その多くが株価チャートの見方とか、株価のシミュレーション・ゲームや商品の売り込みなどに重点を置いたものです。それは、主催者である銀行や証券会社が自社のビジネスを増やすことを目的としたものだからです。しかし、本当に必要なことは、もっとずっと基本的なお金の本質、正しいお金の稼ぎ方や使い方などです。それらを学ぶことなく、チャート分析や株価ゲームなどを教えるのは、まさに砂上の楼閣を建てようとしているようなものです。

お金は感謝のしるしです。そして、仕事を通して世の中に感謝されることをするから、お金がもらえるのです。そのお金を、自分の必要な物やサービスを提供してくれる人に感謝を込めて渡すのです。お金のことを学べば、私たちはみんな「ご縁のネットワーク」に支えられて生きていることがわかります。ずっと将来の良いことのために、時間をどのように使っていくかというのが投資です。つまり、投資は「生き方」を考えることと同じです。

草の根「ハッピー・マネー教室」

次の世代を育てることは、すべての大人の責任です。自分の子供、孫であろうと、なかろうと、これは世代を超えた責任です。ありがたいことに、私のハッピー・マネー教室を聞いていただいた方々が草の根で金銭教育を始めてくださっています。定年退職された方で、近所の子供たちを集めてハッピー・マネーの紙芝居をしている方もいます。ご自宅にママ友を呼んで、お金の勉強会を主催されている方もいます。みんな、できる範囲で少しずつでも子供たちに語りかけていただくことが必要です。将来の日本を背負ってくれるのは、今の子供たちです。彼らこそ世界の平和のために貢献してくれる主人公です。そのために大人には教育という長期投資をぜひ行っていただきたいと願っています。

おわりに

これまでの体験をふまえて、私が教室で話していることを1冊の本にまとめたいという希望をずっと持っていました。今回、創成社様のご好意で本書が出版できることは私にとって大きな喜びであり、創成社様に感謝いたします。また、本書の編集を担当してくださった西田徹さんにお礼を申し上げます。西田さんには私の前著、『親子で学ぶマネー・レッスン』も担当していただきました。私の基本的考え方をご理解いただいているので、とても楽しく執筆ができました。

「ハッピー・マネー教室」は多くの方に支えられています。私の話を聞いて各地で教室を展開してくださっているみなさま、ぜひ継続し拡大することをお願いします。

ハッピー・マネー・ソングの作詞・作曲をしてくれたLabiさん、ありがとう！　そしてとてもすばらしい紙芝居の絵を書いてくれたムムリクさん、2015年1月に急逝されてしまいました。でもムムリクさんの魂は絵にこもっています。2014年10月、ランチを共にしながらこの本の企画について話し、ムムリクさんが描いてくれた紙芝居を使いたいことを話したところ、快く了解してくれました。ムムリクさん、私たちの活動を見守っていてください。私が主催する各種イベントを支援してくださっている仲間、当社スタッフのみなさまに心から感謝しています。私と志を共有し、いつも背中をおしてくれる妻の知子、これからもよろしく。そして、何よりも私の話を聞いてくれた子供たち、学生諸君、ありがとう。君たちこそ私の「先生」です。君たちがみんな「しあわせ持ち」になることを願っています。

※「ハッピー・マネー®」は当社の登録商標です。

※ハッピー・マネーのピギーちゃん、ハッピー・マネー教室の紙芝居（カラー、A3版）は、当社ホームページ（www.i-owa.com/happy-money/line-up.html）よりお求めになれます。

※講演等のご要望は、当社（info@i-owa.com）までご連絡ください。

《著者紹介》

岡本和久（おかもと・かずひさ）

米国コロンビア大学留学後，慶應義塾大学経済学部卒，1971年，日興證券入社。ニューヨーク，東京で証券アナリスト・ストラテジストを務める。1992年，バークレイズ・グローバル・インベスターズに転職。同社の日本法人を設立，日本法人社長として年金運用業務に携わる。

2005年，同社が運用資産額で最大の投資顧問会社になったのを機に退職，同年5月，投資教育会社，I-Oウェルス・アドバイザーズ（株）を設立。自社主催によるマンスリー・セミナー，全国各地での講演，執筆活動に加え，子供のためのマネー教育，ハッピー・マネー教室を展開している。また，月刊ネット・マガジン「インベストライフ」（無料，www.investlife.jp）を発刊している。

著書に『100歳までの長期投資』（日本経済新聞出版社），『確定拠出年金最良の運用術』（日本実業出版社），『親子で学ぶマネーレッスン』（創成社）など多数。

（検印省略）

2015年7月25日　初版発行　　略称－しあわせ持ち

しあわせ持ちになれる
「お金，仕事，投資，生き方」の授業
―実況！「ハッピー・マネー教室」―

著　者　岡本和久
発行者　塚田尚寛

発行所　東京都文京区春日2-13-1　株式会社　創成社

電　話　03（3868）3867　FAX　03（5802）6802
出版部　03（3868）3857　FAX　03（5802）6801
http://www.books-sosei.com　振　替　00150-9-191261

定価はカバーに表示してあります。

©2015 Kazuhisa Okamoto
ISBN978-4-7944-2464-8 C0037
Printed in Japan
組版：緑　舎　印刷：エーヴィス・システムズ
製本：宮製本所
落丁・乱丁本はお取り替えいたします。

創　成　社　の　本

親子で学ぶマネーレッスン
—おカネ・投資のしあわせな考え方—

定価（本体 1,500 円＋税）

岡本和久［著］

子どもと楽しく会話しながら，「おカネ」のことを学びたい！　主人公の真央ちゃんやお父さん，お母さんと一緒におカネ・投資の正しい認識を身につけて，しあわせな人生を歩もう！

---

10 代からはじめる株式会社計画
—経営学 vs 11 人の大学生—

定価（本体 1,600 円＋税）

亀川雅人［著］

11 人の学生が文化祭で模擬店を運営することに…。果たして会社経営に成功するのか？　中学生から大人まで楽しめる経営学ストーリー。親子のコミュニケーションツールにもご利用ください。

お求めは書店で

店頭にない場合は，FAX 03（5802）6802 か，TEL 03（3868）3867 までご注文ください。
FAX の場合は書名，冊数，お名前，ご住所，電話番号をお書きください。
ご注文承り後 4 ～ 7 日以内に代金引替でお届けいたします。